Mut-Gedanken für jeden Tag, 2-2024

Thomas Wöhl

Mut-Gedanken für jeden Tag 2-2024

Telefonandachten aus dem Jahr 2021

Thomas Wöhl

Bibliografische Information der Deutschen Nationalbibliothek:
Die Deutsche Nationalbibliothek verzeichnet diese Publikation
in der Deutschen Nationalbibliografie; detaillierte bibliografische Daten sind im Internet über http://dnb.dnb.de abrufbar.

Herstellung und Verlag: BoD – Books on Demand, Nor-
derstedt

ISBN: 978-3-7597-6875-9

Inhaltsverzeichnis

II

„Ein gutes Wort am Telefon" gibt es nicht mehr. In Zeiten von Corona bedingten Einschränkungen wurde diese Aktion im Kirchenkreis Kirchhain (Evangelische Landeskirche von Kurhessen-Waldeck) ins Leben gerufen. Jeden Tag konnten Menschen rund um die Uhr anrufen und bekamen dann „in gutes Wort am Telefon. Dieses Angebot wurde jeden Tag von 100 bis 150 Menschen genutzt.

Ich heiße Thomas Wöhl und bin Prädikant, das heißt, ich darf ehrenamtlich alle Aufgaben übernehmen, die sonst ein Pfarrer oder eine Pfarrerin wahrnimmt. An der Aktion „Ein gutes Wort für jeden Tag" hatte ich mich beteiligt.

Zuerst war es mit fremd, keine direkte Reaktion von Zuhörern zu bekommen. Nach und nach gefiel es mir, über das Medium Telefon noch mehr Menschen und ganz anders erreichen zu können.

Die Aktion ist eingestellt, aber meine Beiträge habe ich gesammelt, so gibt es die Möglichkeit, hier Die Gedanken und Andachten nachzulesen. – Die einzelnen Beiträge sind in sich abgeschlossen, so dass nach Belieben „gestöbert" werden kann.

Mit den Mut-Gedanken für jeden Tag, Band 1, liegt ein erster Teil vor. Der 2. Band ergänzt die Andachten. Hier ist die Kirchenjahreszeit von Trinitatis, Ende des Kirchenjahres, Advent und das Christfest in den Blick genommen.

Es geht mir darum, Mut zu machen, biblisch kennen wir: *„Fürchte dich nicht"*. Der Gedanke, dass diese Aussage 365-mal in der Bibel steht, für jeden Tag des Jahres ein Mal, gefällt mir, auch wenn ich es nicht überprüft hab. Der „Philosoph" Janosch, ein Kinderbuchautor, sagt: Mut müsst ihr haben, ganz viel Mut. („Hasenkinder sind nicht dumm"). Das macht das Leben. Leichter.

Einige Anregungen habe ich aus den Predigtmeditationen im christlich-jüdischen Kontext, andere sind durch Gespräche oder Lektüre zu mir gekommen und fließen mit ein, ganz im Sinne von Fulbert Steffensky „Geschichten gehören nicht denen, die sie schreiben, noch denen sie erzählen, ... Geschichten gehören denen, die sie brauchen können." Wenn ich ein Gebet von anderen direkt übernommen oder mich habe bewusst inspirieren lassen, ist es entsprechend in einem Verweis angegeben.

Das Thema der Andacht, eine entsprechende Bibelstelle und das Datum, wann die Andacht zu hören war, ist jeweils angegeben. Zu den Andachten gehören Gedanken und ein Gebet oder Gedicht.

Viel Freude beim Entdecken.

Thomas Wöhl

1. GOTT LIEBT DAS KLEINE

12. Juni 2021 – Matthäus 11,25

Gott liebt das Kleine, die Kleinen...

Als Wort zum Nachdenken habe ich heute einen Satz aus dem Evangelium nach Matthäus 11, 25:

„Zu der Zeit fing Jesus an und sprach: Ich preise dich, Vater, Herr des Himmels und der Erde, dass du dies Weisen und Klugen verborgen hast und hast es Unmündigen offenbart."

An der Hand seines Vaters ist er mit nach vorne in den Altarraum gekommen und nun steht er staunend und hellwach im Kreis all derer, die Abendmahl feiern - es war vor ein einigen Jahren bei einer Kinderbibelwoche in Langendorf (Wohratal): Zum Abschluss gab es einen Abendmahlsgottesdienst - Er versteht zwar noch nicht genau, was das heißt „mein Leib, mein Blut", aber er spürt, dass es um etwas ganz besonderes geht, um etwas Heiliges, ... Ergreifendes ... als auch er Brot und Wein / Traubensaft bekommt, mitten in dieser Runde, da ist sein Herz ganz erfüllt und sein Gesicht strahlt...

„Ich preise dich, Vater, Herr des Himmels und der Erde, weil du dies den Weisen und Klugen verborgen hast und hast es den Unmündigen offenbart."

Es ist eine große Kinderschar geworden, die sich um den Taufstein herum versammelt hat ... Neugierig schauen sie auf die Eltern und den Täufling im Arm ... Ein Junge taucht einmal kurz die Hand ins Taufwasser ... Vielleicht will er wissen, ob das Wasser kalt oder warm ist ... Schnell zieht er seine Hand zurück; als der Täufling getauft wird und das Wasser über den Kopf läuft, da sind alle ganz still ... Das ist nicht irgendein Wasser ... Das ist Taufwasser, ... Wasser des Lebens und der Vergebung

... Das ist Wasser aus dem Wasserhahn, aber hier von Gott geschenkt ... Das ist Leben von Gott geschenkt und bejaht.

„Ich preise dich, Vater, Herr des Himmels und der Erde, weil du dies den Weisen und Klugen verborgen hast und hast es den Unmündigen offenbart."

Manche Dinge muss ich nicht erklären ... kann ich auch nicht erklären, - manche Dinge muss ich erleben ... Kinder sind uns da um einiges voraus ... Sie machen vieles einfach ... Sie glauben vieles einfach ... Sie vertrauen auf das, was ihnen angeboten, erzählt und vorgelebt wird ... manche Erwachsenen staunen über so viel Glauben und Vertrauen.

„Ich preise dich, Vater, Herr des Himmels und der Erde, weil du dies den Weisen und Klugen verborgen hast und hast es den Unmündigen offenbart."

Aber wir sind groß geworden, haben zu fragen gelernt, ... zu hinterfragen. Das ist auch gut so ... Ich kann und mag nicht blind vertrauen ... Lenins Wort: „Vertrauen ist gut, Kontrolle ist besser", ist zum Sprichwort geworden ... Wir wissen alle, wie schnell selbst berechtigte Hoffnungen und realistische Erwartungen enttäuscht werden können. – Mit dem Glauben ist es nicht anders ... Das kindliche Vertrauen erwartet von Gott alles ... Ein Kind fragt: „wird Gott nass, wenn es regnet?" ... Ein Erwachsener weiß, dass er für vieles selbst verantwortlich ist: für den Erfolg in der Schule muss ich lernen, für den Erfolg im Beruf muss ich flexibel sein ... und für den Lebensstandard im Alter muss ich vorsorgen.

Und Gott? –

Das Leben reibt sich an meinem Bild von Gott. – Das Bild vom „lieben Gott" unserer Kindertage, vom ersten Beten mit der Mutter vor dem Schlafen und aus der Kinderbibel, ist in die Jahre gekommen.

Aber auch unser Bild von Gott muss erwachsen werden ... Nur das wächst oft nicht mit allem anderen mit ... Irgendwann haben wir vielleicht die Auseinandersetzung mit den Fragen des Glaubens abgebrochen. – Aber: Der „liebe Gott" wird uns nicht helfen, wenn es ernst wird ... Wir fragen dann: „Wie kann er das zulassen? - Ist er denn nicht der liebe Gott, wenn er nichts tut?" –

Wer näher hingeht und genau hinschaut, der sieht diese Erde mit all ihrem Leid, - mit den unvernünftigen Menschen, die aufeinander schießen, sich in die Luft sprengen und - Menschen im Mittelmeer ertrinken lassen, mit all ihrem Hass und Streit und ihrer hartherzigen Ungerechtigkeit ... Der sieht den Schmerz über Einschränkungen durch Covid-19 und über Verlust, und der sieht auch, dass Gott den Menschen Angst und Schmerzen nicht erspart ... Wer näher hinsieht, der sieht, dass es ein Kreuz ist mit der Liebe, dass da einer am Kreuz hängt in der tiefsten Tiefe, die ein Mensch erleben kann ... aus Liebe. – Der liebende Gott ist viel mehr als der liebe Gott, denn er bleibt auch dann an unserer Seite, wenn es hart wird. – Eine Garantie auf immer schönes Wetter gibt es nicht.

Aber: Gott geht mit ... Das kann ich nicht erklären, das kann ich nur erfahren ... Hoffentlich auch in der Kirche, wo Menschen zusammenkommen, um wie Dorothee Sölle es sagt, Gott zu teilen: „Jeder bringt etwas mit von Gott, um es in der Gemeinsamkeit miteinander zu teilen: Du bringst deinen Hunger nach Gott mit, dein Stückchen Freude im Leben hast du in der Tasche, was du bereits weißt von Gott, der schon mal mit 'Strömen der Liebe' auf dich geregnet hat - das bringst du mit."[1]

---

[1] Sölle, Dorothee, Gewöhnen will ich mich nicht, hrsg. von Bärbel Wartenberg-Potter; Herder, 2005, S. 115

In der Ruhe meiner Seele öffnet sich mir ein Blick in Gottes Herz, erklingt ein neues Lied, weil er Wunder tut, wächst mir Kraft zu für die nächsten Herausforderungen und unvermeidlichen Krisen meines Lebens und wird mein Vertrauen nicht enttäuscht ... Ich glaube, also bin ich Mensch mit beiden Beinen fest auf dem Boden ... Ich vertraue, also finde ich Ruhe und Gelassenheit ... Ich singe, also lebe ich mit allen Sinnen und allem Verstand ... Heute, hier und jetzt, so wie ich bin.

Davon zu Reden ist die zweitbeste Möglichkeit ... Davon zu singen, ist schöner und so viel überzeugender. Deshalb wird manche Predigt gesungen und nicht einmal in der Kirche ... Hier dürfen wir im Moment nur mit Mund-Nase-Bedeckung singen, aber auf dem Weg nach Hause ... oder unter der Dusche ist es erlaubt. – Der Schriftsteller Botho Strauß beschreibt es am Ende seines Buches „Paare, Passanten": „Ich danke dem Mädchen, das sich herausstellte und das uns allen Angemessene tat: zierlich den Kopf in die Höhe erhob, um aus der nebligen Luft der Mitternacht Atem zu holen für den Gesang." – Amen.

Ich bete mit Worten von Hüsch:

Gott sitzt in einem Kirschenbaum
und ruft die Jahreszeiten aus.
Er träumt mit uns den alten Traum
vom großen Menschenhaus.
Wir sind die Kinder, die er liebt,
mit denen er von Ewigkeit zu Ewigkeit
das Leben und das Sterben übt. Amen

2. LÖSEN ODER TRAGEN

27. Juni 2021 – 1. Mose 50

„Was ich nicht lösen kann, muss ich tragen."

Manche Probleme lassen sich nicht lösen … weder durch Nachdenken und Beraten, Entscheiden und Anpacken, durch Verändern oder Aushalten … gemeinsam oder alleine … Manche Probleme lassen sich nicht lösen, nicht wegzaubern oder weg-reden, mit denen muss ich zu leben lernen, die kann ich nur tragen.

Das ist ein Gedanke des österreichischen Psychoanalytikers Ernst Federn[2]:

„Was ich nicht lösen kann, muss ich tragen."

Es ist ein erlebter Satz. Ernst Federn war knapp sieben Jahre im Arbeitslager Buchenwald inhaftiert … Dort und danach ging es im Leben von Ernst Federn um das Tragen von Dingen, die sich nicht lösen lassen.

Das ist auch heute noch Thema, bei den großen und kleinen Problemen: Hass in der Welt, Krieg, Neid, … auch Corona.

Manche Probleme in der Welt und im Leben lassen sich nicht lösen, sie bleiben da … als Aufgabe, als Thema, als Wiederholung … sie müssen getragen und ertragen werden.

Josef und seine Brüder stehen, wenn wir die Geschichte in der Bibel, der Kinderbibel oder bei Thomas Mann lesen, nicht weit entfernt von dieser Frage, als sie einander nach langer Zeit wieder begegnen.

Was sich bei ihnen nicht löst, nicht lösen kann, nicht lösen darf, ist diese seltsame Geschichte, die sie miteinander

---

[2] Vgl: https://www.hagalil.com/2010/04/federn-einfueh-rung/ (21.07.2024)

verbindet: Josef war überheblich, wurde von Jakob, dem Vater, bevorzugt ... das wollten seine Brüder nicht mehr ertragen ... Josef wurde im wahrsten Sinne des Wortes verraten und verkauft. –

Er kommt als Sklave nach Ägypten, dort arbeitet er sich hoch, landet zu Unrecht im Gefängnis ... jahrelang durchleidet er diese Hölle ... dann sein kometenhafter Aufstieg, vom gefangenen Sklaven zum zweiten Mann im Staat. – Aber was er durchlitten hat, wird er nicht vergessen.

Nun, zwanzig Jahre später, bekommt Josef die Chance das Problem seines Lebens zu lösen: Jetzt kann er den Knoten lösen ... mit einem Streich ... er könnte sich rächen, Vergeltung üben ... wie ihr mir, so ich euch...

Er könnte sie vor Gericht bringen, dort würden sie ihr gerechtes Urteil bekommen ... wär' es dann gut? –

Er könnte ihnen auch ganz einfach vergeben und alles vergessen, - Schwamm drüber, das war einmal ... lang ist es her...

Aber so geht es nicht ... weder Rache, ... noch Strafe, ... noch Vergebung können das Problem aus der Welt schaffen.

„Was ich nicht lösen kann, muss ich tragen."

Wie geschieht das Tragen ... und was kann man und frau für das Tragen des Unlösbaren heute mitnehmen? –

Es gibt kein Schuldbekenntnis ... und keine Vergebung, trotzdem kann es getragen werden ... Weder hier, im 1. Buch Mose 50, noch an einer anderen Stelle in der Josephsgeschichte gibt es ein ausdrückliches Geständnis ... vieles bleibt im Unausgesprochenen, in der Schwebe, im Unklaren.

Josef vergibt den Brüdern nicht... hier nicht ... und auch später nicht.

Für Josef gehört die Erfahrung von Schuld zu den Dingen, die Menschen nicht selbst lösen können ... Er verweist auf Gott, sagt seinen Brüdern: *„bin ich denn an Gottes statt...“*

Die Frage der Schuld können wir menschlich nicht lösen, ... wir müssen sie tragen ... und vor Gott bringen.

„Was ich nicht lösen kann, muss ich tragen.“

Für die Brüder ist es ein wichtiger Schritt, sich bewusst zu werden, zu erinnern ... Anders geht es nicht ... vergessen, übermalen oder schönreden sind hier keine Wege, die ins Leben und ins gemeinsame Tragen führen.

Die Brüder haben Furcht vor der Zukunft, aber sie finden einen Weg, auch wenn er nicht schnurgerade und schon gar nicht völlig aufrichtig ist.

Aber Josef reagiert: er weint, bevor er spricht ... Ein Moment ohne Worte, ohne Heldentum ... und dann: *„Josef redete freundlich mit ihnen.“* Vielleicht Belanglosigkeiten ... oder Pläne ... oder Fragen ... egal ... Er redete freundlich ... Der Ton macht die Musik.

Josef und seine Brüder: Die Geschichte ist groß, weil sie auch klein ist. Helden können sich in ihr was abschauen ... und alle, die es damit nicht so haben, können zwischen den großen Gesten merken: Das Tragen kann auch klein aussehen ... Es kann stumm stattfindet ... Es kann sich alltäglich anhören.

„Was ich nicht lösen kann, muss ich tragen.“

Was schließlich am Ende noch weiter hilft beim Tragen, das ist eine Zukunftsperspektive. Josef spricht: *„Ihr nämlich habt euch Böses ausgerechnet gegen mich. Gott hat es zum Guten summiert, um das zu tun, was heute zutage liegt: ein großes Volk zum Leben zu bringen.“*

Es geht darum mit Schuld zu leben ... es geht darum zu glauben, dass es auch mit Schuld eine Zukunft gibt, die trägt ...

keine Schuld kann verhindern, dass Gott Leben will, Leben schafft und Leben ermöglicht.

Für das zukünftige Leben, von dem wir nicht wissen, wie es gehen und aussehen wird ... für das Leben, das Gott will, lohnt es sich, all das, was jetzt da ist, zu tragen.

„Was ich nicht lösen kann, muss ich tragen."

Von Josefs Brüdern erfahren wir, dass sie aufatmen ... das ist es: Aufatmen können, ... etwas nicht weg machen, aber es ein wenig leichter machen ... das hilft beim Leben ... und besonders beim Tragen ... Denn: „Was ich nicht lösen kann, muss ich tragen." – Amen.

Gebet

Gott, gib uns Atem, damit wir lösen oder tragen können. Gib uns Atem, damit wir leben. – Amen.

3. BROT TEILEN IST LEBEN

21. Juli 2021 – Apostelgeschichte 2,41-47

Der Anfang gelingt, weil Brot geteilt wird...

In der Apostelgeschichte schreibt Lukas im 2. Kapitel über „die erste Gemeinde":

„Sie blieben aber beständig in der Lehre der Apostel und in der Gemeinschaft und im Brotbrechen und im Gebet."

„Ach ja, wie schön", mag mancher bei diesen Worten denken ... So sah es also aus in der Urgemeinde, so lebten die ersten Christinnen und Christen zusammen: einmütig, von einem großen Zusammenhalt geprägt, unter ständigem Zulauf der Menschen...

Aber Lukas beschreibt nicht die Realität ... er gibt seine Vision von Kirche wieder ... Fulbert Steffensky sagt: „Die Geschichte ist nicht erzählt, weil es so war, sondern weil es so sein soll. Die Erinnerung sagt „Es war einmal", weil es einmal so sein soll und sein wird. Der geglückte Anfang verspricht das glückende Ende".[3] –

Das heißt: So einheitlich und einmütig, wie Lukas die Urgemeinde beschreibt, war sie nie wirklich ... Natürlich gab es auch unter den ersten Christen Konflikte, Neid, Eifersüchteleien, Streitereien und Missgunst.

Lukas klagt nicht an, - er wirbt, - wirbt für die Kirche ... Deshalb entwirft er ein Bild, eine Vision, wie christliche Gemeinschaf sein kann ... Er wirbt für seinen Traum von Kirche, er möchte seiner Gemeinde sagen: Lehre, Gemeinschaft,

---

[3] Steffensky, Fulbert, https://chrismon.de/das-wort/die-erzaehlung-vom-gerechten-anfang-setzt-den-massstab-so-sollt-auch-ihr-miteinander-umgehen-11059 (20.07.2024)

Abendmahl und Gebet sind die vier Kennzeichen von Kirche, um die es sich zu mühen gilt.

Wenn einer allein träumt, ist es ein Traum ... Wenn viele gemeinsam träumen, dann ist es der Beginn einer neuen Wirklichkeit ... Vielleicht ist das das Geheimnis des christlichen Glaubens: Menschen, denen der Auferstandene begegnet war und die er beauftragt hatte, träumten einen Traum und begannen, ihn zu leben ... Das waren keine großen Gemeinden, – das waren kleine Hausgemeinden ... aber der Traum war der Beginn einer neuen Wirklichkeit.

Gemeinde ist Gemeinschaft des Brotes, weil sie vom wahren Brot des Lebens lebt ... um den Abendmahlstisch sind die Getauften versammelt ... Brot können wir nur mit offenen Händen nehmen ... Sie bleiben offen auch vor der Kirchentür ... Wer am Tisch des Herrn satt wird, wird den Hunger in der Welt, als eigenen Mangel begreifen ... Auch wenn er ihn nicht abschaffen kann, kann er ihn zusammen mit seinen Glaubensgeschwistern im Gebet vor Gott bringen.

Das Brot ist ein Grundsymbol des Lebens ... Sein Sinn, seine Wahrheit, sein Glanz ist das Aufbrechen, um es auszuteilen ... Das stiftet Gemeinschaft ... Das ist Hingabe, ein mütterlicher Akt, auch wenn Männer Brot brechen, so wie in dieser Geschichte:

In der Jakobstraße in Paris liegt ein Bäckerladen, da kaufen viele hundert Menschen ihr Brot. Der Besitzer ist ein guter Bäcker. Aber nicht nur deshalb kaufen die Leute des Viertels dort gern ihr Brot. Noch mehr zieht der Bäcker sie an: der Vater des jungen Bäckers. Meistens ist der alte Bäcker im Laden und verkauft. Der alte Bäcker weiß, dass man Brot nicht nur zum Sattessen braucht. Und gerade das gefällt den Leuten. Manche erfahren das zum ersten Mal beim Bäcker in der Jakobstraße; zum

Beispiel der Autobusfahrer Gérard, der einmal zufällig in den Brotladen in der Jakobstraße kam. „Sie sehen bedrückt aus", sagte der alte Bäcker zum Busfahrer. „Ich habe Angst um meine kleine Tochter", antwortete der Busfahrer Gérard. „Sie ist gestern aus dem Fenster gefallen, vom 2.Stock!" „Wie alt?" fragte der Bäcker. „Vier Jahre", antwortete Gérard. Da nahm der alte Bäcker ein Stück vom Brot, das auf dem Ladentisch lag, brach zwei Bissen ab und gab das eine Stück dem Busfahrer. „Essen Sie mit mir", sagte der alte Bäcker zu Gérard, „ich will an Sie und ihre kleine Tochter denken". Der Busfahrer hatte so etwas noch nie erlebt, aber er verstand sofort, was der alte Bäcker meinte, als er ihm das Brot in die Hand gab. Und sie aßen beide ihr Stück und schwiegen und dachten an das Kind im Krankenhaus. Zuerst war der Busfahrer mit dem alten Bäcker allein. Dann kam eine Frau herein. Sie hatte auf dem nahen Markt zwei Tüten Milch geholt und wollte nun eben noch ein Brot kaufen. Bevor sie ihren Wunsch sagen konnte, gab ihr der alte Bäcker ein kleines Stück Weißbrot in die Hand und sagte: „Kommen Sie, essen Sie mit uns: Die Tochter dieses Herrn liegt schwer verletzt im Krankenhaus, sie ist aus dem Fenster gestürzt. Vier Jahre ist das Kind. Der Vater soll wissen, dass wir ihn nicht allein lassen." Und die Frau nahm das Stückchen Brot und aß mit den beiden. —[4]

Brot hilft gegen Hunger und wir müssen dafür sorgen, dass jeder Mensch genug zu essen hat ... In dieser Geschichte geht es darüber hinaus ... Da ist dieser Moment, in dem sich das Brot verbindet mit der Not ... in dem sich das Gebet mit dem Schweigen verbindet ... das Tun mit dem Mitfühlen ... Alles ist getragen vom Brotbrechen ... Liebe wird spürbar. — Es ist die

---

[4] Mertens, Heinrich A., Brot in deiner Hand, © Eva Mertens, Pfeifer Verlag, München, 1982, S. 5-8

Wahrheit, die wir brauchen, der Traum, der unseren Alltag hell macht und gleichzeitig zeigt, was noch fehlt.

Wenn Brot so gebrochen wird, leuchtet etwas auf, was Dorothee Sölle „Gott teilen" nennt ... Dazu schreibt sie: „Jeder bringt etwas mit von Gott, um es in der Gemeinsamkeit miteinander zu teilen: Du bringst deinen Hunger nach Gott mit, dein Stückchen Freude im Leben hast du in der Tasche, was du bereits weißt von Gott, der schon mal mit 'Strömen der Liebe' auf dich geregnet hat - das bringst du mit."[5] − Das können wir: teilen und weitergeben. − Amen.

---

[5] Sölle, Dorothee, Gewöhnen will ich mich nicht, hrsg. von Bärbel Wartenberg-Potter; Herder, 2005, S. 115

Ich bete mit Worten von Dorothee Sölle[6]:

Nicht du sollst meine Probleme lösen
sondern ich deine gott der asylanten
nicht du sollst die hungrigen satt machen
sondern ich soll deine kinder behüten
vor dem terror der banken und militärs
nicht du sollst den flüchtlingen raum geben
sondern ich soll dich aufnehmen
schlecht versteckter gott der elenden

Du hast mich geträumt gott
wie ich den aufrechten gang übe
und niederknien lerne
schöner als ich jetzt bin
glücklicher als ich mich traue
freier als bei uns erlaubt

Hör nicht auf mich zu träumen gott
ich will nicht aufhören mich zu erinnern
dass ich dein baum bin
gepflanzt an den wasserbächen
des lebens

– Amen.

---

[6] a.a.O., S. 149f.

4. KINDER DES LICHTS

26. Juli 2021 – Epheser 5,8-14

„Lebt als Kinder des Lichts!"...

„Lebt als Kinder des Lichts!" ... anscheinend brauchen wir immer wieder diesen Appell, damit wir auf der Höhe unserer Möglichkeiten leben ... damit wir uns nicht wegducken, ... verstecken, ... unser Licht unter den Scheffel stellen. *„Ihr seid das Licht der Welt! Zeigt euch!"* – so Jesus im Evangelium zu seinen Zuhörern ... Welcher Zuspruch ... welche Zumutung ... Ich - eine Lichtgestalt? –

Ist das nicht eine Nummer zu groß? - eine teuflische Versuchung, sich selber als Lichtgestalt zu bezeichnen ... zu inszenieren oder von anderen als solche aufgebaut zu werden? - ist nicht auch Luzifer eine Lichtgestalt, wörtlich: ein Lichtträger? – Wo viel Licht ist, ist auch viel Schatten, weiß Goethe. (Goetz von Berlichingen)

Kennen wir nicht auch sogenannte „Lichtgestalten", die irgendwann abstürzen, vielleicht nicht gleich ins Reich der Finsternis, aber die doch von heute auf morgen ihre Leuchtkraft verlieren und aus dem Lichtkegel der Öffentlichkeit verschwinden? –

Es kommt bei dem Thema wohl auf die Lichtverhältnisse an ... darauf, wie ich mich verhalte zu den möglichen Lichtquellen, zu den Lichtbrechungen, ... zu dem, was sich spiegelt in unserem menschlichen Antlitz ... Es kommt darauf an, wie sich mein Licht zu dem deinen verhält und wie ich mit der Finsternis in mir umgehe - und den so genannten „Finsterlingen" da draußen.

Zur besonderen Tragik unseres Lebens gehört, dass sich die Lichtverhältnisse ändern und manchmal sogar ins Gegenteil verkehren.

In seinem autobiographischen Roman „Eine Geschichte von Liebe und Finsternis" schreibt der israelische Schriftsteller Amos Oz: „Wie können zwei gute Menschen eine schreckliche Katastrophe herbeiführen? Wie kann es kommen, dass die Heirat zweier Menschen, die einander wollen und einander gutes Wünschen, in einer Tragödie endet?"

Die zwei Menschen, von denen Oz hier spricht, sind sein Vater: „ein sentimentaler und enthusiastischer Mann", der siebzehn Sprachen lesen und elf sprechen kann, ein Universalgelehrter voller Magie und Mystik … und seine Mutter, Fania Klausner, die am Ende der Geschichte von Liebe und Finsternis verzweifelt den Freitod wählt.

„Lebt als Kinder des Lichts" – Es gehört wohl dazu, die Finsternis, auch die eigene Seelenverfinsterung, nicht zu leugnen, und sogar versuchen, sie zu verstehen … Das geht nur, indem ich hinschaue, auch wenn es Angst macht, verunsichert und beunruhigt … So kann langsam Licht ins Obskure, also Finstere kommen … Ich kann es erhellen, indem ich mich erinnere und darüber zu sprechen beginne, also das Grab des darüber Schweigens aufbreche.

Das dauert manchmal Jahrzehnte, nicht nur bei Amos Oz, auch bei traumatisierten, gedemütigten oder missbrauchten Menschen, die erst nach langen Therapien zu begreifen beginnen und Worte finden für das, was ihnen einst geschah oder angetan wurde oder was sie selbst anderen zugefügt haben … mühsam … doch es führt kein anderer Weg zum Licht.

„Deckt die unfruchtbaren Werke der Finsternis auf", so steht es im Epheserbrief … und Paulus wird noch deutlicher: er

fordert auf, die Friedhofsruhe endlich zu beenden: *„Wach auf, der du schläfst, und steh auf von den Toten!"*

Wenn uns kalt ist, streben wir ans Licht … Wir sonnen uns gern … in mancherlei Hinsicht … Doch selber entflammen und brennen? – Auch da gäbe es manche Lebensgeschichte zu erzählen, von entflammter Liebe, die enttäuscht wird oder wieder verlischt … von Feuern der Begeisterung für eine Sache, die sich als Strohfeuer entpuppte … von Menschen, die brannten für eine Aufgabe, von wahrhaften Lichtgestalten, die irgendwann ausgebrannt waren … Burnout. –

Wie kann ich mein Licht leuchten lassen, ohne vor der Zeit zu verglühen? –

Es kommt auf die Lichtverhältnisse an … Wem halte ich mich hin? … Welchem Licht setze ich mich aus?

Im Epheserbrief wird uns Mut gemacht, uns dem Licht auszusetzen: *„Die Frucht des Lichts ist lauter Güte und Gerechtigkeit und Wahrheit."*

Das Licht des Himmels hat seine eigene Durchsetzungskraft, indem es Güte, Gerechtigkeit und Wahrheit aufstrahlen lässt … Güte, Gerechtigkeit und Wahrheit verändern die Welt nachhaltiger als es Macht, Gesetz und Recht versuchen … Güte, Gerechtigkeit und Wahrheit sind die Lichtstrahlen des Himmels, die in das Leben hineinbrechen.

Wie ein himmlischer Lichtstrahl ist Jesus von Nazareth in die Welt gekommen. An seinen Worten und Taten zeigen sich die Güte, die Gerechtigkeit und die Wahrheit Gottes … Als eine Ehebrecherin vor Jesus geführt wird und die Todesstrafe durch Steinigung vollstreckt werden soll, leuchtet durch Jesu Wort die Wahrheit Gottes in den Herzen der Menschen auf: *„Wer unter euch ohne Sünde ist, der werfe den ersten Stein auf sie."*

Im Licht der Güte verändern sich die Herzen der Menschen. Im Licht der Güte vermögen Menschen der eigenen ungeschminkten Lebenswahrheit ins Gesicht zu schauen: *„Jesus aber richtete sich auf und fragte sie: Wo sind sie, Frau? Hat dich niemand verdammt? Sie antwortete: Niemand, Herr. Und Jesus sprach: So verdamme ich dich auch nicht; geh hin und sündige hinfort nicht mehr."*

Im Licht des Himmels wärmen und wandeln sich die Herzen … Die Herzen der Menschen wandeln sich durch Güte, Gerechtigkeit und Wahrheit … Darin besteht unsere Aufgabe, die Früchte des Lichtes aufscheinen zu lassen: Güte, Gerechtigkeit, Wahrheit. – Amen.

Ich leihe Worte von Hanns Dieter Hüsch für ein Gebet:
Lasst uns Gottes versammelte Großzügigkeiten werden
und seine Artisten sein,
die Welt überwinden,
nicht mit Leichtigkeit gewiss,
aber mit Zuversicht,
Geduld und Freundlichkeit.
Lasst uns Nachsicht üben,
wo andere den Schlussstrich ziehen.
Lasst uns spielerisch auftreten,
wo andere mit dem Fuß aufstampfen.
Lasst uns Feinde in Freunde verwandeln.
– Amen.

5. WUNDERBAR

Paulus lädt uns ein, auf uns zu schauen, wie auf ein Wunder …
So wie er das tut im Blick auf die Gemeinde in Thessaloniki:

„Wir danken Gott allezeit für euch alle und gedenken euer in unserm Gebet und denken ohne Unterlass vor Gott, unserm Vater, an euer Werk im Glauben und an eure Arbeit in der Liebe und an eure Geduld in der Hoffnung auf unsern Herrn Jesus Christus.“

Ein einziges großes „Wunderbar!" erschallt da über die Köpfe der Gemeinde in Thessaloniki und wir dürfen unsere Köpfe getrost in den Schall dieses Ausrufs hineinhalten … dieses „Wunderbar" ist kein Eigenlob, - es ist himmlischer Schall … Er kommt über uns und die Gemeinde in Thessaloniki … und ihre genauso verdutzten Gesichter.

Die Menschen damals und wir heute sind vom Dreiklang des christlichen Glaubens erfüllt:

Im Glauben erhalte ich die Gewissheit, dass mir mein Leben von Gott geschenkt ist … Mein Leben besteht nicht aus dem, was ich mit meinen Händen tue oder unterlasse … Dann wäre es eine einzige Hetze. - Ich müsste in der ständigen Angst leben, etwas zu versäumen, was für mein Leben wichtig ist.

Gott schenkt mir mein Leben … Es ist die Zeit, die er mir anvertraut hat … Ich brauche nichts anderes als offene Hände und die tägliche Bitte: „Herr, fülle mir die Hände." Diese Bitte ist leicht, wenn Gott mir Freude, gelungene Zeit und ein Baby in meine Hände gibt … Sie wird schwer, wenn Lasten auf mir liegen und Sorgen mich drücken … Dann darf ich bitten: Herr, gib mir die Kraft, dass ich tragen kann, was du mir zumutest.

Liebe öffnet mir die Augen dafür, dass ich nicht allein lebe ... Die Zeit, die Gott mir schenkt, muss ich nicht für mich behalten ... Meine Zeit wird arm, wenn ich sie ängstlich einschließe ... Sie wird reich und erfüllt, wenn ich sie mit anderen teile ... Freude wirkt ansteckend. – Die Freude anderer durchdringt die Mauern meiner Einsamkeit ... Wenn ich mich in sorgenvollen Zeiten anderen öffne, merke ich, wie gerade schwere Stunden und Tage uns miteinander verbinden können.

Hoffnung sprengt die Grenzen meines Lebens ... Mein Leben ist nicht mehr von Geburt und Tod bestimmt, ... Gott stellt es in den weiten Raum seines Handelns ... Mein Leben wird zu ihm hin geöffnet, der mein Leben bewahren will, auch über den Tod hinaus ... Von seiner Liebe kann mich nichts trennen, auch nicht der Tod.

Von diesem Dreiklang christlichen Glaubens, Glaube, Liebe, Hoffnung, ist die Gemeinde in Thessaloniki erfüllt. – Paulus verbindet ihn nun mit einem neuen Dreiklang: Werk, Arbeit und Geduld ... wirkender Glaube: - Was die Christen in Thessaloniki bewegt, behalten sie nicht für sich ... Es geschieht nicht hinter verschlossenen Türen.

Der Glaube Einzelner wird spürbar und erfahrbar für die Menschen, mit denen sie in ihrer Hafenstadt zusammen leben ... Ihr Glaube ist wie ein Licht, das ausstrahlt und Helligkeit bringt ... Er ist wie der Sauerteig, der den ganzen Teig durchsäuert und verändert.

Liebe, die arbeitet, die tätig ist: Die Liebe hat ihnen die Augen geöffnet für die Not der Menschen, die sie umgeben ... Sie sind sensibel für die Sorgen der anderen geworden ... Die eigenen Sorgen und Lasten verschließen sie nicht für die Menschen um sie herum.

Hoffnung, die von Geduld erfüllt ist: Der weite Horizont, in den Gott ihr Leben stellt, macht sie nicht zu Menschen, die voller Hektik den Alltag ändern wollen ... Mit großer Gelassenheit sind sie für die Mitmenschen da, weil sie wissen, dass Gott diese Welt in seinen Händen hält ... so können sie auch kleine Schritte wertschätzen.

Dietrich Bonhoeffer nennt das die „Diesseitigkeit des Glaubens". Er schreibt: „Später erfuhr ich und ich erfahre es bis zur Stunde, dass man erst in der völligen Diesseitigkeit des Lebens Glauben lernt. Wenn man völlig darauf verzichtet, aus sich selbst etwas zu machen – sei es einen Heiligen oder einen bekehrten Sünder oder einen Kirchenmann ..., - und dies nenne ich die Diesseitigkeit, nämlich in der Fülle der Aufgaben, Fragen, Erfolge und Misserfolge, Erfahrungen und Ratlosigkeiten leben, - dann wirft man sich Gott ganz in die Arme, dann nimmt man ... die Leiden Gottes in der Welt ernst, dann wacht man mit Christus in Gethsemane und ich denke, das ist Glaube, ... so wird man ein Mensch, ein Christ."[7]

Christen leiden darunter, wenn brutal „Andersdenkende" Mitbürger angreifen, nur weil ihre Haut eine andere Farbe hat ... Es schmerzt, dass zwei Drittel der Menschheit verhungern, während ein Drittel der Welt im Überfluss lebt ... es ist unerträglich, dass in unserem Land ungenutzter Corona-Impfstoff vernichtet wird und Menschen in wirtschaftlich armen Ländern keinen Zugang zu Impfstoff haben.

Wir Christen sehen in anderen Menschen, unabhängig von deren, Aussehen und Herkunft Gottes Ebenbild ... deshalb können wir Menschen wertschätzend begegnen ... Wir können vorangehen durch dankbares Vorbild.

---

[7] Bonhoeffer, Dietrich, Widerstand und Ergebung, DBW Band 8, S. 542 f.

So fällt auf das Leben der Christen ein neues Licht ... Selbst in den kleinsten Anfängen liegt die Verheißung Gottes ... Was sie tun, steht unter Gottes Segen ... Segen bedeutet, dass die Schritte ihres Lebens größer werden als sie selbst erwarten.

Das ist es, was Paulus an den Thessalonichern gesehen hat ... Das ist es, worüber er sein himmlisches „Wunderbar!" erschallen lässt. – Wir dürfen unsere Köpfe getrost in den Schall dieses Ausrufs hineinhalten. es ist kein Eigenlob, ... es ist Lobgebet. – Amen.

Gebet

Mit allen meinen Scheuklappen
komme ich zu dir,
Gott
und bitte dich:

Mach mich frei!
Öffne mir Herz und Hirn,
dass ich dein Wort höre
und mein Leben dafür öffne.
Begeistere mich für die Freiheit,
die du schenkst.
Und begeistere mich für die Menschen,
denen ich begegne.
– Amen.

6. KEINE BÄUME IM MEER

12. September 2021 – Lukas 17,5-6

In der Bibel wird nichts darüber berichtet, ob Jesus lacht oder scherzt ... Auch auf Bildern wird er meist ernst und nachdenklich dargestellt. Dabei bin mir sicher, dass er auch ziemlich viel Humor hatte ... Eine kleine Episode im Evangelium nach Lukas lässt mich das zumindest ahnen.

Jesus war mit seinen Jüngern unterwegs nach Jerusalem. Ich stelle mir vor, wie er mal mit dem einen, mal dem andern redete, zwischendurch ging es durcheinander oder einer sagte etwas, was alle interessierte. So ergab sich ein munteres Hin und Her. Zwischendurch rasten sie, sitzen im Schatten eines großen Baumes zusammen, das Gespräch geht weiter ... und dann lesen wir bei Lukas in Kapitel 17:

Da baten sie Jesus: *„Hilf uns, dass unser Glaube größer wird!"* Darauf antwortete er: *„Selbst wenn euer Glaube so winzig wäre wie ein Senfkörnchen, könntet ihr diesem Maulbeerbaum befehlen: 'Reiß dich aus der Erde und verpflanze dich ins Meer!' - es würde sofort geschehen."*

Um uns das vorzustellen, brauchen wir eine Menge Phantasie und auch eine gute Portion Humor ... Stellen wir uns vor, wie ein riesiges Ungetüm von Baum durch die Lüfte schwebt: seine Äste streckt er wie hilflose Arme von sich und mit seinen nach allen Seiten abstehenden Wurzeln, die mindestens das Doppelte von den Ästen messen, das gäbe ein urkomisches Bild von einem Baum ... und so schwebt er Richtung Meer, um dort – was wohl? – nun vermutlich einfach zu versinken. – Ob die Zuhörer geschmunzelt, gar gelacht haben, oder irritiert ihre Köpfe schüttelten, das wissen wir leider nicht.

Was für eine Episode: *„Und die Männer und Frauen, die Apostel genannt werden, sprachen zu Jesus: »Stärke unseren Glauben!« Jesus aber sprach: »Wenn ihr Glauben hättet wie ein Senfkorn, würdet ihr zu dem Maulbeerbaum sagen: Entwurzle dich und pflanze dich ins Meer. Und er würde euch gehorchen.«"*

Die Glaubensgewissen, die Jüngerinnen und Jünger Jesu, die doch vieles wissen und vollbringen können müssten, haben Glaubenszweifel. Sie sagen: *„stärke unseren Glauben!"* – Die Antwort Jesu verwirrt uns, lenkt unsere Blicke in eine neue Richtung: was würde es nützen, wenn der Maulbeerbaum ins Meer verpflanzt würde? – Was soll der Maulbeerbaum im Meer? –

Das Senfkorn, das uns immer als Wunder an Kleinheit und nachfolgender Größe geschildert wurde, ist weder einer der kleinsten Samen in Israel noch ein besonderes Wunder ... Daraus wächst eine wuchernde Pflanze ... Das Wertvolle am Senfkorn ist der Samen, daraus lässt sich Senf machen.

Die Sprache, die dieses Stück Bibel wählt, ist verwirrend ... und deshalb eine Aufforderung an uns: sieh zweimal hin ... hör zweimal zu ... lass dir Zeit ... leg die voreiligen Aussagen zur Seite ... bürste gegen den Strich ... es ist nicht so einfach, wie es scheint.

Manchmal hätte ich gern einen Glauben, der mir hilft, meine willkürlichen Wünsche in Erfüllung zu bringen ... Es gibt Christen, die die Kraft des Glaubens daran messen, wie viele Heilungen jemand vollbracht hat und wie viel charismatische Kraft (Zungenreden) in einem Menschen schlummert ... Wer das alles nicht hat, hat nicht den richtigen Glauben. – Solcher Glauben wuchert schnell wie eine Senfpflanze und muss nach einem Jahr wieder umgepflügt werden ... Senf ist einjährig. – Der

Maulbeerbaum kann sehr alt werden ... In welcher Pflanze steckt mehr Kraft? –

Jesus scheint in der Bitte der Jünger den Wunsch nach einem Wunderglauben zu erkennen ... Er lehnt ihn ab ... Das ist nicht der Glauben, der wichtig ist ... Maulbeerbäume gehören nicht ins Meer. –

*„Stärke unseren Glaube*n", sagen die Jünger ... Ihr wollt einen Glauben, mit dem man Maulbeerbäume ins Meer versetzten kann, sagt Jesus.

Es geht nicht um einen Glauben, der wie eine Senfpflanze wuchert. – Aber was sollen wir tun? Wie kann aus Nutzlosem etwas Nutzvolles werden? –

Was ist uns aufgetragen? - Was sind wir schuldig? – Das Gleichnis erzählt uns das nicht ... Die Bibel aber erzählt es, beinahe von der ersten bis beinahe zur letzten Seite: *„bebauen und bewahren*", so steht es ganz am Anfang ... Jesus hat wie selbstverständlich davon geredet: Einander vergeben ... „Den Nächsten lieben" ... „Gott lieben" ... „wahrhaftig sein" ... „großzügig schenken" ... „Einander eine Chance geben" ... „Menschen auf der Flucht einen sicheren Ort geben" ... „gut sein"...

Gibt es Selbstverständlicheres? – „Wenn du Gutes getan hast, bilde dir nichts darauf ein. Denn dazu wurdest du geschaffen"[8], sagt ein jüdisches Sprichwort.

Ist das eine Last ... oder liegt darin nicht eine hohe Würde, eine große Leichtigkeit, und Freiheit? –

Selbstverständliche Güte – das erschafft und erhält eine Welt, in der Menschen selbstverständlich miteinander und füreinander leben.

---

[8] Jochanan, Rabban, in: https://de.wikisource.org/wiki/Spr%C3%BCche_der_V%C3%A4ter (21.07.2024)

Selbstverständliche Güte – das erschafft und erhält eine Welt, in der nicht hohe moralische Ansprüche und große Heldentaten den Ton angeben, ... es geht darum ganz selbstverständlich das zu tun, was uns auf die Schwelle gelegt ist ... In dieser Welt fällt Glanz auf die kleinen Dinge.

Und dann können wir Bäume ausreißen ... oder doch lieber neue Bäume pflanzen. – Amen.

Gebet

Gott, wir begreifen dich nicht.
Du begreifst uns und hältst uns fest.
Das soll uns genügen.
Was uns bewegt, bringen wir vor dich:
die kleinen und großen Sorgen des täglichen Lebens,
das Unerträgliche dieser Welt.
Wir hoffen, dass du weiterführst, wo wir am Ende sind,
dass du ermutigst, wo wir aufgeben möchten,
dass du Antworten zeigst,
wo wir schon gar nicht mehr fragen.
– Amen.

7. WAS IST DER MENSCH

16. September 2021 – Lukas 2, 4b-9.15

Immer wieder fragen wir uns: „Wo komme ich her? - warum ist die Welt da?" – So fragen schon Kinder im Kindergarten ... Wir suchen unseren Platz in dieser geheimnisvollen Welt ... Wir wollen mehr sein als nur Staub, den Winde irgendwohin verwehen.

Menschen erzählen seit alters her Geschichten davon, wo sie herkommen ... wir entwerfen Modelle, wie die Welt wohl aussehen mag. Die Naturwissenschaft sammelt Zahlen, Daten, Fakten und fügt sie mit Hilfe der Mathematik zu großartigen Modellen zusammen ... Was Zahlen, Daten und Fakten angeht, ist die naturwissenschaftliche Methode unschlagbar. Wir können nicht mehr auf sie verzichten, wenn wir Techniken des Überlebens in dieser Welt entwickeln wollen.

Trotzdem gibt es mehr als Zahlen, Mathematik, Naturwissenschaft. - Davon erzählen wir Menschen uns in alten und neuen Geschichten. Auch hier werden Zahlen, Daten oder Fakten angeführt. - Das Material der alten Geschichten ist überholt. - Durch die Naturwissenschaft wissen wir es genauer. – Aber die Geschichten erzählen davon, wo unser Platz in dieser Welt ist und wie wir uns selbst verstehen und einordnen können. –

Wir brauchen verschiedene Geschichten, Modelle und Zugangsweisen, um die eine Welt zu begreifen. Die Naturwissenschaften gehören dazu und ebenso auch die alten Erzählungen der Menschheit, die uns erzählt, wo wir hingehören:

1. Mose 2: *„Da machte Gott der Herr den Menschen aus Staub von der Erde und blies ihm den Odem des Lebens in seine Nase. Und so ward der Mensch ein lebendiges Wesen. Und Gott der Herr pflanzte einen Garten in Eden gegen Osten hin und setzte den Menschen hinein, den er gemacht hatte."*

Gott setzt den Menschen in einen Garten ... Da gehören wir hin. – Gartenliebhaber unter uns werden dieses Bild auf Anhieb verstehen und nachempfinden. Menschen, die mit Händen und Hingabe im Garten arbeiten, haben das Bestreben, dieses Stück Land in ein Paradies zu verwandeln.

„Und Gott formt den Menschen aus Erde." ... Wir wissen durch die Naturwissenschaft vom evolutionären Prozess: Der Mensch entwickelt sich in Millionen von Jahren. – Von unserem Eingebundensein erzählt, auf ihre Weise, auch die alte Geschichte ... Sie stößt uns fast vor den Kopf ... Sie erinnert uns daran, wo wir herkommen: Aus Erde wurden wir geformt.

Der Mensch: ein Erdklumpen ... Allerdings einer, der atmen kann - weil er beatmet ist. Die „Bibel in gerechter Sprache" übersetzt Vers 7: *„Da wurde der Mensch atmendes Leben."* Wir können tief durchatmen, den Atem spüren ... Das sind wir: atmendes Leben.

Im Einatmen strömt Menschlichkeit in uns hinein, im Ausatmen geben wir sie wieder frei ... So leben wir von dem, was uns umgibt – statt aus uns selbst. - Der Lebensatem macht uns nicht göttlich, der Atem ist eine Gabe und Leben.

Was ist nun der Mensch? – Ein Erdklumpen, aber ein beatmeter, belebter. – Diese Spannung hat der Rabbi Bunam so ausgedrückt: „Ein Mensch muss über seinen Schultern zwei Taschen tragen, um, je nach Bedarf, entweder in die eine oder in die andere greifen zu können. In der rechten Tasche liegt das Wort ‚Um meinetwillen ist die Welt erschaffen worden'. In der linken Tasche das Wort ‚Ich bin Erde und Asche'."[9]

Was ist der Mensch? – Als Erdklumpen ist ein Mensch belebt vom Gottesatem. – Die Erde: Meine Wiege, meine Heimat, mein

---

[9] Nach Buber, Martin, Geschichten von Rabbi Bunam, Neu-Isenburg, 1988

Grab. – Und Gott: die Liebe, die mich darin umfängt in Raum und Zeit ... und Ewigkeit.

Dieser zweite Schöpfungsbericht ist die Lebensgeschichte aller Menschen. Ihre Bedeutung erschließt sich vom Ende her. Die Geschichte geht weiter, ... schon am Anfang der Erzählung klingt an, was später in Kontrast treten wird zur Schöpfung Gottes: Die Erzählung vom Sündenfall tritt nicht an die Stelle der Schöpfungsgeschichte, sie ergänzt sie und sie kommentiert sie ... Beide Erzählungen bleiben aufeinander bezogen. Da ist der Garten Eden als das Paradies, aus dem wir kommen, das Gott für uns gemacht hat, nach dem wir uns sehnen und das unter unserer Welt immer noch durchschimmert. – Auf der anderen Seite die Realität, wie sie ist, wird am Ende erzählt: die erlebte Sinnlosigkeit des Daseins, letztlich der Tod als stete Bedrohung und als das Ende des Lebens. – Beides gehört zusammen: Adam, der von Gott in seiner Bedürftigkeit Umsorgte und Adam, der das Leben verlieren wird.

Die Bibel bietet eine große Erzählung, die über die Schöpfung des Menschen und über die Vertreibung aus dem Paradies weit hinausreicht. Am Anfang stehen die Auferstehung und das Leben. Das Leben als Schöpfung am Anfang und als Erlösung am Ende ... das Leben ist der rote Faden der biblischen Großerzählung. Das Leben ist von Gott geschenkt, seine Fürsorge bleibt, auch dann noch, wenn wir unser Leben verlieren und zur Erde zurückkehren ... Erst vom Ende der Erzählung her ist der Anfang zu verstehen. – Von der Zusage der Neuschöpfung und dem Geschenk neuen, ewigen Lebens her ist der Anfang, die Schöpfung zu verstehen. Der Mensch ist und bleibt ein Wesen vor Gott, auch über den Tod hinaus.

Unsere eigene Lebensgeschichte ist urbildlich mit in der Geschichte Adams hineingenommen. Sie wird auf die große

Erzählung der Bibel abgebildet und aufgespannt zwischen Schöpfung und Erlösung. – Unsere Lebensgeschichte hat einen Anfang und ein Ende, der weit über das hinausreicht, was wir mit den Augen sehen können ... Manchmal ist unser Blick verengt auf den Augenblick. Wir sehen dann nur die Dornen und Disteln, Corona und Leid in der Welt ... wir bleiben in der Sorge gefangen ... wir sehnen uns in den Garten Eden zurück. – In Wirklichkeit sind wir von Gott umsorgte Menschen, jeder Atemzug kommt von Gott. – Ich wünsche Ihnen, dass Sie das in Ihrem Alltag spüren können. – Amen.

Ein „Ungebet" von Kurt Marti:
Da du alles
schon weißt,
mag ich nicht beten.
Tief atme ich ein,
lange atme ich aus.
Und siehe:
Du lächelst.
– Amen.

8. WEITER RAUM

23. September 2021 – Psalm 31,9

„Du stellst meine Füße auf weiten Raum...“

Manchmal wird der Raum eng durch Vorgaben, die Situation, meine Erlebnisse ... gut, wenn ich mich erinnern kann, wie ich den inneren Raum in mir weit machen kann.

„Du stellst meine Füße auf weiten Raum...“

Der Beter des 31. Psalms schildert seine ganz eigene Geschichte von Angst und Bedrohung. Es wird erzählt von Bedrängnis und unbekannten Angreifern, von schweren Lebenskrisen.

Da ist keine Verzweiflung an der Situation.

„Ich aber“, heißt es da, *„vertraue auf Gott, ich freue mich und bin fröhlich über deine Güte und du übergibst mich nicht in die Hände des Feindes; du stellst meine Füße auf weiten Raum“*.

Im Glauben eröffnet sich für den Beter eine andere Dimension von Freiheit.

Im Glauben an einen Gott, der ja zu uns sagt. Der uns verspricht, immer an unserer Seite zu sein.

Diese Zusage eröffnet einen weiten Raum. 2 Beispiele aus der Bibel:

75 Jahre war er alt (1. Mose 12,4) als er hörte: *„Geh aus deines Vaters Haus, in ein Land, das ich dir zeigen werde.“* Geh, mache dich auf ... Wohin? - Er weiß es nicht ... All das Vertraute verlassen ... Die Routinen des Alltags, die gewohnte Umgebung, die Menschen, die er kennt ... Das Weggehen fällt schwer, wenn die besten Jahre scheinbar schon hinter einem liegen ... „Einen alten Baum verpflanzt man nicht“, weiß ein

Sprichwort ... und dann wird noch nicht einmal der Name des Landes genannt, in das er ziehen soll.

„Geh!" so hatte die Stimme Gottes zu ihm gesprochen, „geh in ein Land, das ich dir zeigen werde." - Welches Land? - Was wird sein? - Was erwartet Abraham? Offene Zukunft ... Landkarten und Navigationsgeräte gab es damals noch nicht ... Wohin wird der Weg führen? – Welcher Weg überhaupt? *„Geh, geh aus deines Vaters Haus"*, hatte Gott gesagt. „Geh! - Auf deinem Weg liegt Segen".

Die biblischen Erzählungen von Abraham sind Berichte über einen Menschen, der in einer Mischung aus Mut, Gottvertrauen und Bereitschaft zum Risiko offen für Veränderungen bleibt und eine neue Welt sucht.

Im Aufbruch liegt Segen ... Neue Wege stehen unter Gottes Verheißung ... *„Gott stellt unsere Füße auf weiten Raum."*

Die Bibel steckt voller überraschender Geschichten, wie Menschen zu neuen Aufbrüchen gelockt werden.

So wird auch Sarah, die Frau Abrahams, plötzlich noch einmal herausgerufen ... sie darf neu beginnen ... Drei Männer kündigen an, dass Abraham und Sarah in ihrem hohen Alter noch einmal einen Sohn haben werden ... Eigentlich hatte Sarah ihr Leben bereits gelebt. Ein Leben voller Höhen und Tiefen; auch Demütigungen, Verletzungen und Enttäuschungen waren dabei. Mit dem Kinderwunsch hatte sie längst abgeschlossen ... Kein Kind zu bekommen hatte auch ein Stück Bitterkeit in ihr Leben gemischt.

Sarah lacht über die neue Verheißung. Im 1. Buch Mose heißt es: *„Darum lachte sie bei sich und sprach: Nun, da ich alt bin, soll ich noch der Liebe pflegen, und mein Herr ist auch alt!"* Wie soll das werden, im hohen Alter noch einmal Eltern zu werden? –

In Sarahs Lachen schwingt Vieles mit: Ungläubiges, weil dieses Projekt, nochmal Eltern zu werden, so schier unmöglich erscheint ... Zweifel, ob die Kraft noch da ist, den verheißenen Weg zu gehen. Bedenken, inwieweit die Liebe im Alter noch so erfüllend sein kann. Der Alttestamentler Jürgen Ebach interpretiert Sarahs' Lachen so: „...Ich höre in Saras Lachen ein wenig Koketterie ... und ein wenig: warum eigentlich nicht mehr? ... Wie Sarah gelacht hat? Wir wissen es nicht – vielleicht wusste sie es selbst nicht so genau. Vielleicht hat sie im ersten Moment einfach loslachen müssen. Vielleicht kann aber selbst ein spöttisch-zweifelndes Lachen langsam in ein befreiendes Lachen übergehen ...“[10]

Gott schenkt uns nicht nur das Leben an sich, er schenkt uns auch die Freiheit, dieses Leben zu gestalten.

„Du stellst meine Füße auf weiten Raum!" Gott engt nicht ein, ... öffnet neue Perspektiven ... Getragen von Gottes Verheißung können wir uns auf den Weg machen und das Leben gestalten.

Aufbruch im ganz privaten Leben ist die Verheißung, dass wir die Veränderungen gestalten und unseren Wünschen und Träumen Raum geben können. Egal in welcher Lebensphase wir uns befinden, nutzen wir die Gestaltungsräume, die uns gegeben sind.

Aufbrechen, auf dem Weg sein, immer wieder neu in die Verantwortung gerufen sein, das mag anstrengen ... Aber im Aufbruch liegt Segen.

Abraham ist ein Land, in dem Milch und Honig fließen, verheißen ... Sarah wird zugetraut, neues Leben zu gebären. Beide sind in die Freiheit Gottes gerufen ... Im Aufbruch liegt Segen.

---

[10] In: Marquardt, Friedrich-Wilhelm (Hrsg.), Welch ein Mensch?, Einwürfe Bd. 4, München 1987, S. 77f

Wer etwas bewegen will, muss sich auf den Weg machen …
Wir können gehen im Vertrauen auf Gott, der uns auf unserem
Weg begleitet.

Ich wünsche uns, dass wir spüren: *„Du stellst meine Füße
auf weiten Raum!"* – Amen.

Ich bete:

Gott, Du stellst meine Füße auf weiten Raum…

Ich habe Angst.

Vorsichtig schaue ich mich um.

Um mich herum nur Weite.

Unendlicher Blick.

Grenzenlos.

Haltlos.

Weiter Raum: ich könnte gehen, wohin ich will.

Aber was ist mein Ziel? –

Ich verliere mich in dieser Weite.

Was gibt mir in der Grenzenlosigkeit Rückmeldung,

dass ich mich selbst spüren kann?

Ich bin froh, dass du, Gott mich, in deiner Hand hältst …

und ich festen Boden unter den Füßen habe.

Danke.

– Amen.

9. ENGEL

29. September 2021 – Lukas 10,20

Der 29. September ist Michaelis … Tag der Engel - Glauben wir evangelischen Christen noch an Engel? – Oder sind sie eher ein Teil einer vergangenen Vorstellungswelt, die wir uns zu Weihnachten gefallen lassen und die in manchen Redensarten noch fortlebt, aber nur in einem bildhaften Sinne? –

In der Bibel wird von Engeln erzählt, sie bringen Botschaften, warnen und begleiten … von Künstlern aller Zeiten werden sie immer wieder gemalt. Die Bilder von Chagall sind voller Engel … Kunst, so hat der Maler Paul Klee einmal gesagt, will ja nicht nur das Sichtbare wiedergeben, sondern gerade das Unsichtbare sichtbar machen … dazu gehören offenbar immer wieder Engel, gute Mächte, von denen wir, umgeben sind, wenn die unsichtbare Welt sich um uns weitet, sagt Dietrich Bonhoeffer.

Ein schönes Bild, trotzdem bleiben wir oft gefangen vom Alltag mit Sorgen und Problemen:

Kindesmissbrauch, - Waffenlieferungen in Kriegsgebiete, - Ausbeutung von Mensch und Tier, - Ausgrenzung, - Mobbing am Arbeitsplatz oder in der Schule, - die Gier nach Profit, Hass und Gewalt in jeder Form sind Ausdrucksformen des Bösen … das müssen wir benennen, um uns dann davon trennen zu können.

Wer das Böse beim Namen nennt, der löst Unruhe aus, - weil er dem Rad in die Speichen fällt, - den Kreislauf stoppt und andere zwingt, ihr Verhalten zu überdenken … Es kann im Christentum nicht darum gehen, sich der Welt anzupassen … Wir sind zum Widerspruch verpflichtet … den braucht die Welt.

Widerstand: geduldig und fröhlich … glauben und handeln.

In den letzten Jahren hat Greta Thunberg begonnen, uns darauf aufmerksam zu machen, wie wichtig die Erhaltung der Schöpfung ist … viele - vor allem junge - Menschen machen mit … fridays for future … gut so. – Wir sehen dramatische Veränderungen, haben Bilder vor Augen von Häusern, die von Wassermassen weggespült werden, von Menschen, die in den Fluten untergehen … Es gibt die Hoffnung, dass wir Menschen noch Einfluss nehmen können...

Die Bibel erzählt vom Kampf des Guten gegen das Böse. Michael ist der Engel, der den Kampf mit dem Bösen aufnimmt und ihn gewinnt, der den Satan aus dem Himmel stürzt und damit entthront. Er steht für die Hoffnung, dass der Kampf gut gegen böse sich zum Guten wendet.

Wer kennt diese Sehnsucht nicht? –

Es gibt diese vielen Momente, in denen wir nicht mehr wagen, an Gottes Güte zu glauben, - wo wir vor der Übermacht des Bösen zu kapitulieren scheinen.

1945 wurden die Konzentrationslager befreit und Überlebende gerettet, aber auch Berge von Ermordeten gefunden, …

Dorothee Sölle schrieb 50 Jahre nach dem Kriegsende im Deutschen Allgemeinen Sonntagsblatt: „Bei meinem ersten größeren öffentlichen Auftreten auf dem Kirchentag 1965 in Köln sagte ich einen Satz, der mir immense Schwierigkeiten eingebracht hat. Er hieß: '… und wie man nach Auschwitz den Gott loben soll, der alles so herrlich regieret, das weiß ich nicht'."[11] Dorothee Sölle hat an dieser Frage gearbeitet und gelitten … Ihr Gottesbild hat sich durch die Auseinandersetzung mit Auschwitz verändert: „Macht in Beziehung ist etwas anderes als omnipotente Herrenmacht, die auf niemanden angewiesen ist.

---

[11] Sölle, Dorothee, in: https://zeitzeichen.net/node/10364 (21. Juli 2024)

Gott war sehr klein in dieser Zeit. ... sein Geist hatte keine Wohnung unter uns. Er hatte wenig Freundinnen und Freunde. Vielleicht ist nur die mystische Sprache, die nicht über Gott redet, sondern zu ihm, in der Lage, diesen Gott, der uns braucht, zu benennen."[12]

Michael heißt der Engel im Kampf gegen das Böse: „wer ist wie Gott" ist sein Name – oder so heißt sein Programm.

Aber wie ist Gott denn? –

Das fragt die Mutter, deren Kind mit schwersten Behinderungen zur Welt kommt, - der Mann, dessen Frau in tiefsten Depressionen versinkt und nicht mehr erreichbar scheint, - die Eltern der jungen Menschen, die im Straßenverkehr verunglückt sind, - aber auch die Kinder der Eltern, die am Ende sterben wollen, aber nicht können.

Das fragen die Bewohner aus Schuld, Insul, Dümpelfeld, Altenahr, Mayschoß, Ahrbrück, Dernau, Bad Neuenahr-Ahrweiler, Sinzig ... und anderer Orte, die in den Fluten versanken...

Katastrophen gehören zur Menschheitsgeschichte dazu ... Sie treffen ganze Völker oder einzelne Menschen, aber jedes Mal stürzt der Himmel ein ... oder wir fallen aus dem Himmel heraus, als ob uns der Schlag, der Blitz getroffen hätte.

Wer ist wie Gott?

Und warum ist Gott so oft stumm?

Damit kann sich keiner abfinden.

Unsre Sehnsucht spricht immer eine andere Sprache.

1944 hat Dietrich Bonhoeffer sie im Gefängnis liebevoll für seine Braut in Worte gefasst: „Von guten Mächten wunderbar geborgen, erwarten wir getrost, was kommen mag. Gott ist bei

---

[12] Sölle, Dorothee, Mystik des Todes, Kreuz- Verlag, Stuttgart, 2003, S. 70

uns, am Abend und am Morgen und ganz gewiss an jedem neuen Tag."

Wie ist Gott?

Wie eine bergende, tröstende, behütende Kraft, die mich auffängt, die mich begleitet, die mich tröstet?

Der Glaube an Engel ist Sehnsuchtsmelodie.

Die Angst, der Schmerz, … die persönlichen Trauer- und Leidenserfahrungen werden aufgehoben und verwandelt in die Trostlieder des Glaubens: „Noch will das alte unsre Herzen quälen, noch drückt uns böser Tage schwere Last. Ach Herr, gib unsern aufgeschreckten Seelen das Heil, für das du uns geschaffen hast." – Amen.

Wir beten

Jeden Tag hören wir schlechte Nachrichten.
Jeden Tag tragen wir Sorgen mit uns herum.
Heute, nur diesen Moment, wollen wir träumen.
Wir träumen, dass alle Menschen ein Dach über
dem Kopf haben,
dass keiner mehr hungert und keine dürstet,
dass zerstörte Städte aufgebaut werden,
dass Menschen einander die Hand reichen und helfen,
dass alle Kinder lernen, wie man Frieden spielt,
dass man einander ermutigt,
dass wir auch einmal verzichten,
dass alle Tränen getrocknet werden,
dass die Träume wahr werden.

Gott,
lass es nicht nur Träume sein.
– Amen.

10. GOTT IST GESELLIG

16. Oktober 2021 – …

„Kultur ist der Spielraum der Freiheit"[13], wusste Dietrich Bonhoeffer … Kultur ist das Experimentierfeld des Möglichen … Kunst und Musik, Literatur und Theater führen ins Weite, wenn sie von anderen Welten oder von dieser Welt anders erzählen…

Kultur kann uns Räume öffnen, die das Ohr und den Blick in die Weite führen … Ihre Geschichten und Gesänge weisen über den Tellerrand hinaus … Jenseits des Tellerrandes eröffnen sich „Räume der Begegnung".

Zusammenhalten, um Zukunft zu gewinnen, das gilt in allen Bereichen … in der Kirche wird es im gemeinsamen Singen lebendig.

Singen gehört zum Leben, singen kann jede und jeder … und singen können wir in jeder Lebenslage … Es gibt Klagelieder, Loblieder und Danklieder … je nach Stimmung.

In der Kirche ist das Singen fester Bestandteil, auch weil Martin Luther fand, dass die Gemeinde auch an den Texten im Gottesdienst beteiligt werden sollte … und weil die, die das Singen im Gottesdienst erfunden haben, dafür ein Gespür hatten, dass über die Musik und den Gesang Worte besser in uns haften, uns im Notfall schneller wieder einfallen oder einfach zu Gott emporheben können … Es kann uns wieder hochziehen, wenn wir ganz unten sind, es kann uns trösten, wenn wir traurig sind und es kann Ventil für unsere Wut sein, wenn wir wütend sind.

---

[13] Vgl. Schneider, Nikolaus, in:
https://www.ekd.de/100617_schneider_kultur_essen.htm
(21.07.2024)

Singen, das ist Ausdruck eines befreiten Lebens: Wer im Dunkeln singt, der gibt nicht mehr nur dem Dunkel, der Klage, dem Schwermütigen Platz ... wer singt, gibt auch dem Lob und der Dankbarkeit einen Raum, wo sonst nur Dunkelheit wäre.

Viele Lieder drücken Hoffnung und Trost aus, oder singen von besseren Zeiten: entweder vergangenen besseren Zeiten oder besseren Zeiten in der Zukunft.

Der Reformator Martin Luther, der auch Lieder gedichtet und vertont hat, sagte über die Musik: „Sie macht die Gläubigen kräftiger, die Traurigen fröhlich, die Verzagten herzhaft; sie hilft die Hoffärtigen demütig zu machen, die Hitzigen zu dämpfen und den Hass zu mindern. Der Heilige Geist ehrt selbst diese edle Kunst als seines Amtes Werkzeug ... Mein Herz fließt über beim Hören der Musik, die mich oft so erfrischt und von schweren Ängsten befreit hat...“

Das ganze Alte oder Erste Testament ist durchwoben von Schilderungen, die uns vor Augen führen, dass Menschen vor Gott einen Ausdruck im Gesang, aber auch im Tanz finden.

Nach der Befreiung aus Ägypten sangen und tanzten die Israeliten: *„Der Herr hat uns errettet!“* Diese Gottes-Erfahrung wurde zur Grundlage des Glaubens im Volk Israel ... immer wieder erinnern sich die Juden an diese Errettung am Schilfmeer ... Wie eine Grundmelodie zieht sich dieser Dank durch die Jahrtausende alte Geschichte der Juden. – Auch heute noch wird diese Geschichte bei vielen jüdischen Festen, vor allem beim Pessach-Fest rezitiert und gesungen ... Wer so von Dank und grenzenloser Freude erfüllt ist, dem reichen die gesprochenen Worte gar nicht mehr aus. Er muss es – wie damals Mose, Aaron und Mirjam - laut herausrufen, muss dazu den ganzen Körper einsetzen, Hände, Arme, Hüfte, Beine ... er muss tanzen; das drückt viel stärker den Dank aus als nur ein feierlich-liturgisches Gebet. –

Das kann auch der Pfarrer und Dichter Kurt Marti sehen, der uns in einem Gedicht vor Augen stellt, wie Gott zur Schöpfung tanzt. –

Die gesellige Gottheit am Werk[14]

Von Ur an:
Gott in Geselligkeit,
Gott mit Sophia,
der Frau, der Weisheit,
geboren,
noch ehe alles begann.
Sie spielte
vor dem Erschaffer (Sprüche 8,22-31),
umspielte, was er geschaffen,
und schlug, leicht hüpfend von Einfall zu Einfall,
neue Erschaffungen vor:
Warum nicht einen anmutig gekurvten Raum?
Warum nicht Myriaden pfiffiger Moleküle?
Warum nicht schleierwehende Wirbel, Gase?
Oder Materie, schwebend, fliegend, rotierend?
So sei es, lachte Gott,
denn alles ist möglich,
doch muss auch Ordnung ins Ganze –
durch Schwerkraft zum Beispiel.
Dazu wünschte Sophia sich ebensoviel Leichtigkeit.
Da ersann Gott die Zeit.
Und Sophia klatschte in die Hände,

---

[14] Marti, Kurt, Der Heilige Geist ist keine Zimmerlinde, Radius: Stuttgart, 2000, S. 168f.

Sophia tanzte, leicht wie die Zeit,
zum wilden melodischen Urknall,
dem Wirbel, Bewegungen, Töne entsprangen,
Räume, Zukünfte, erste Vergangenheiten –
der kosmische Tanz,
das sich freudig ausdehnende All.
Fröhlich streckte Sophia Gott die Arme entgegen.
Und Gott tanzte mit.

Die Leichtigkeit schließt nicht aus ... auch die Menschen in den Blick zu nehmen, die sonst nicht beachtet werden. Die Kleinen, Benachteiligten, Menschen auf der Flucht, ... damit sie alle mit Mirjam singen und tanzen können ... Nach dem Auszug aus Ägypten konnte die Prophetin Mirjam damals zur Ehre Gottes singen und tanzen. Sie konnte glauben: „Gott ist mein Loblied, er ward mir zur Rettung und zum Heil. Ihn will ich loben und preisen!" – „Halleluja" – „Lobet den Herrn!" – Amen.

„Du hast mein Klagen in Tanzen verwandelt"
(Psalm 30, Vers 12)

Ein „Ungebet" von Kurt Marti:

Da du alles
schon weißt,
mag ich nicht beten.
Tief atme ich ein,
lange atme ich aus.
Und siehe:
Du lächelst.
– Amen.

11. HERBST

27. Oktober 2021 – ...

Der Herbst ist für mich die intensivste und tiefsinnigste Zeit des Jahres. Es ist das Nebeneinander von Sein und Vergehen ... Abnehmen und Fallen.

Es ist Herbst.
Der Wind ist frisch geworden
und bringt die kalte Luft mit sich.
Die Blätter färben sich.
Sie werden rot, gelb, orange braun.
Sie färben den Herbst bunt.

Am kommenden Sonntag wird wieder die Uhr zurückgestellt.
Wir dürfen eine Stunde länger schlafen.
Dafür werden die Tage nun empfindlich „kürzer".
Es wird sehr früh dunkel.
Der Herbst ist eine besondere Jahreszeit.
Die Blätter fallen von den Bäumen.
Die Äste werden kahl.

Wir spüren, dass sich etwas verändert.
Die Natur bereitet sich auf den Winter vor.
Die Bäume lassen die Blätter los.
Sie fallen zu Boden.
Die Blätter fallen ab, weil die Bäume nun
ihre ganze Kraft benötigen,
um über die kalte Jahreszeit unbeschadet
hinwegzukommen.

Der Herbst stimmt uns nachdenklich, wenn die Blätter zu Boden sinken, ihre gesunde grüne Farbe langsam aber sicher braun wird und alles Grüne verschwindet ... Das Leben wird weniger.

Wir denken über uns nach: Was geschieht mit uns, wenn uns die Kräfte ausgehen und wir zu Boden sinken? –

Der Dichter Rainer Maria Rilke hat diese Gedanken aufgenommen und einfühlsame Worte zu einem Gedicht verknüpft:

Die Blätter fallen, fallen wie von weit,

als welkten in den Himmeln ferne Gärten,

sie fallen mit verneinender Gebärde.

Und in den Nächten fällt die schwere Erde

aus allen Sternen in die Einsamkeit.

Wir alle fallen. Diese Hand da fällt.

Und sieh dir andre an: Es ist in allen.

Rainer Maria Rilke beschreibt dieses Gefühl, das uns im Herbst des Lebens bestimmt:

Wir fallen.

Unsere Kräfte werden weniger; wir sinken in uns zusammen. Ich lese dieses Herbstgedicht immer wieder gern, wenn ich die Blätter draußen fallen sehe und die ersten frostigen Nächte erlebe. Es gefällt mir, weil es das Fallen der Blätter sinnbildlich auf alles Leben hin deutet ... Alles Leben ist im Fall begriffen ... Es verliert an Kraft, sinkt langsam dahin, stirbt.

Das Leben wehrt sich gegen diesen unaufhaltsamen Prozess. Es fällt schwer, ihn zu akzeptieren. Die Blätter „fallen mit verneinender Gebärde", schreibt Rilke in seinem Gedicht. Sie sträuben sich gegen die Bewegung des Falls, kreisen langsam und schwankend zu Boden, ohne die Abwärtsbewegung aufhalten zu können. Das Schwergewicht des Falls ist schließlich stärker als alle sich dagegen aufbäumenden Kräfte des Lebens.

Was bleibt dann zurück?

Was haben wir noch zum Leben?

Rainer Maria Rilke war ein Freund der Frage. Der Bitte eines jungen Dichters um Weisung entgegnete er: „... ich möchte Sie

… bitten, … Geduld zu haben gegen alles Ungelöste in Ihrem Herzen und zu versuchen, die Fragen selbst lieb zu haben, wie verschlossene Stuben und wie Bücher, die in einer sehr fremden Sprache geschrieben sind.“[15] – Fragen lieben, nicht direkt auf eine Antwort hindrängen, unbedingt sogleich etwas finden wollen, sondern in der Suche verweilen und diese Phase wertschätzen wie einen Raum voller Möglichkeiten.

Rilke schreibt weiter: „Es handelt sich darum, alles zu leben. Leben Sie jetzt die Frage. Vielleicht leben Sie dann, ohne es zu merken eines fernen Tages in die Antwort hinein.“[16]

Antworten gibt es nicht zwingend. Es bleiben Lebensfragen, die vielleicht sogar notwendigerweise einfach offenbleiben. Anerkennen, dass etwas im wirklichen Wortsinn „frag-würdig“ ist … Die Frage leben und so das Rätsel, das ich mir selbst bin, akzeptieren lernen.

Im Herbstgedicht lässt Rilke allerdings nichts offen … Er schreibt:

> Wir alle fallen. Diese Hand da fällt.
> Und sieh dir andre an: Es ist in allen.
> Und doch ist einer, welcher dieses Fallen
> Unendlich sanft in seinen Händen hält.

Das Gedicht ist nicht explizit christlich … und doch trägt es deutlich religiöse Züge. Das Wort „Gott“ vermeidet Rilke und spricht stattdessen von dem „Einen“ damit gibt er eine tröstliche Botschaft weiter, die wir im christlichen Glauben haben.

---

[15] Rilke, Rainer Maria, in: https://schreibenbefluegelt.wordpress.com/2017/10/22/die-fragen-lieb-haben-rilke/ (21.07.2024)
[16] a.a.O.

Die Bewegung des Falls, das Dahinsinken und Sterben, verliert sich nicht in eine unausdenkliche Tiefe des Nichts. Es ist gehalten, unterfangen von den tragenden Händen des Einen, Gottes, des Schöpfers und Erlösers ... Sterben und Tod sind durchmessen von Gott selbst im gekreuzigten Christus und führen zu ihm ... Der Macht des Todes ist damit eine Grenze gesetzt. Das Versinken in Trauer, Verzweiflung und Einsamkeit ist nicht bodenlos.

Nicht immer ist das Gehaltenwerden von Gott unmittelbar zu spüren, es geschieht „unendlich sanft". Und doch sind Gottes Hände ein zuverlässig tragender Grund ... Ich wünsche dir und Ihnen, dass du, dass Sie das erfahren dürfen. – Amen.

Ein Gebet zum Herbst:

langsam wird es herbst
einiges sonnt sich noch
anderes sinkt lebensvoll
die wolken erzählen mir
himmlische geschichten
die blätter färben sich
meine seele wird bunt
der wind sammelt und
fegt das welke ins weite
alles wandelt sich und
geht dem licht entgegen
– Amen.

12. OHNE RÜSTUNG

4. November 2021 – Epheser 6,10-17

Es wird früher dunkel, auch kälter ... Wir denken an unser gefährdetes Leben, an manche Bedrohung, suchen Vergewisserung und Halt ... Im Brief an die Epheser im 6. Kapitel empfiehlt Paulus: *„Zieht an die Waffenrüstung Gottes, damit ihr bestehen könnt gegen die listigen Anschläge des Teufels."*

Paulus schreibt weiter: *„Deshalb ergreift die Waffenrüstung Gottes, damit ihr an dem bösen Tag Widerstand leisten und alles überwinden und das Feld behalten könnt. So steht nun fest, umgürtet an euren Lenden mit Wahrheit und angetan mit dem Panzer der Gerechtigkeit."*

> Eisenmann, stahlharter Ritter mit dem Schwert in der Hand,
> was treibt dich hierher? –
> Bis an die Zähne bewaffnet ...
> warum verbirgst du dich hinter deinem Visier? –
> Ich kann deine Schritte hören, dein Harnisch scheppert
> bei jedem Tritt ...
> Kommst du aus dem Mittelalter ...
> oder bist du dem letzten Science-Fiction-Film entsprungen?
> ... Wovor fürchtest du dich so sehr, dass du dich
> in einem Panzer aus Eisen versteckst,
> säbelrasselnd, um die Angst zu übertönen – deine eigene? –
> Warum bist du so erstarrt in deiner Rüstung?

Gewappnet und gerüstet bis an die Zähne ... soll das das Idealbild für christliches Leben sein? – Auch, wenn es das Schwert des Glaubens ist ... das Schwert in der Hand ist ein Bild, das an Gewalt und Aggression und Zerstörung erinnert. – Krieg und Gewalt gehören leider zu unserer Realität ... aber was haben solche Bilder als Vor-Bilder in der Kirche zu suchen? – Sprache spiegelt Wirklichkeit und schafft Wirklichkeit...

„Schießen Sie los!", sagen wir manchmal, wenn wir jemanden auffordern wollen, etwas zu sagen. - Über manche Streitfälle wird in einem Ton berichtet, als hätte es Handgreiflichkeiten gegeben: schallende Ohrfeigen, Watschen werden ausgeteilt, Köpfe rollen. Schlag-Zeilen (und die Alltagssprache) strotzen von kriegerischem Vokabular der Feldherrensprache: Politik hat etwas im Visier, jemand macht Kampfansagen, bläst zum Sturm ... weil etwas auf dem Vormarsch ... ist. - Wer nicht Attacken reitet, steht Gewehr bei Fuß ... Ich wünsche mir Impulse, auch verbal abzurüsten ... Es wird Zeit für eine Entmilitarisierung der Sprache.

Im Epheserbrief lesen wir von der Waffenrüstung Gottes, samt Schild und Schwert zum Zuschlagen ... Kampf steht bevor, gegen das Böse ... Überall droht Abfall und Unglaube ... Der wahre Glaube muss bewahrt werden.

Was ist das für ein Glaube, der sich so einmauert? – Von hier ist es nicht weit zu Extremismus und Fundamentalismus ... Für den ist die Welt schwarz – weiß und die Menschen sind Gottes oder des Teufels, ... Gläubige oder Ungläubige ...

Auch im Christentum gibt es solche Strömungen, bis heute ... Für die ist die Welt nicht gute Schöpfung Gottes, uns anvertraut zu bebauen und zu bewahren, ... die Schöpfung sehen sie als Aufmarschgebiet des Teufels, voll versteckter Versuchungen ... Die Sünde lauert an jeder Ecke. – Vor allem was Freude macht, war verboten oder zumindest suspekt. Die Puritaner in England sind sprichwörtlich geworden: Kartenspielen, tanzen, schminken, kurze Röcke ... früher wurde von manchen über moderne Lieder im Gottesdienst gestritten...

Ich glaube, dahinter steckt Angst ... Wer so etwas schreibt, wer solche Bilder verwendet, fühlt sich bedroht ... So angegriffen, dass er sich panzern muss von Kopf bis Fuß ... Die Welt ist feindlich.

Vielleicht war es damals so, um das Jahr 90 herum. Vielleicht - oder wahrscheinlich - waren sie wirklich bedroht, die Leute in den Gemeinden rund um Ephesus ... Die Angst vor Verfolgung hatte einen faktischen Hintergrund. Die Soldaten des römischen Imperiums waren real.

Aber wir heute, wir sind nicht bedroht ... Uns droht kein Tod, wenn wir in die Kirche gehen, ... die Welt ist nicht schwarz-weiß...

Doch die Angst gibt es noch, die Angst, dass das Weltbild entgleitet und der eigene Glaube zerfließt ... Auf manche Fragen gibt es keine einfachen Antworten ... oder nur solche Antworten, die verunsichern ... geht mein Glauben kaputt, wenn ich weiter nachdenke? – Für manche scheint es einfacher, gar keine Fragen zuzulassen. Was offen bleibt oder zwiespältig, wird stattdessen nach außen projiziert, als Anfechtung, als un-biblisch oder Reich des Bösen ... So kann selbst Glauben zum Zerrbild werden ... Angst kann die ganze Welt um einen Menschen herum feindselig erscheinen lassen...

Dabei heißt Glauben doch: Vertrauen ... Du bist geliebt und angenommen ... Du brauchst dich nicht von Ängsten und Verboten regieren zu lassen ... Du darfst darauf vertrauen, dass Gott dich auch in schwierigen Situationen begleitet ... Das wird jedem Kind bei der Taufe zugesprochen. - Jeder Gottesdienst endet damit, dass wir wieder gesegnet aufbrechen, von Gottes Segen umhüllt. – Glauben bedeutet nicht mauern ... Glauben heißt die Angst loszulassen, gelassen werden, sich auf Gott verlassen ... Gott hat uns ein ganzes Leben geschenkt und Talente in uns hineingelegt, und wir können sie entfalten und unsere Umgebung gestalten.

Deshalb: Eisenmann, stahlharter Ritter, wirf dein Schwert weg, ... hier sind Frauen und Kinder, niemand bedroht dich, auch die Männer nicht, sie träumen von weichen Umarmungen statt von Stahlgewittern.

Steig aus deiner Rüstung, sie ist ein Gefängnis, ... wirf sie ab wie eine Eierschale, entpuppe dich.

Komm heraus, lerne, was viel schwerer ist: geduldig sein und weise, klug ... öffne deine Hände ... traue dich ... werde Mensch. – Amen.

Für ein Gebet leihe ich mir Worte von
Kurt Marti:

Singet dem Herrn
der nie eine Uniform trägt
der nie eine Waffe ergreift
der Tote zum Leben erweckt
Singet dem Herrn
der nie einem Fahnentuch traut
der nie an Parolen hängt
der Feinde als Brüder entlarvt.
Und der Friede Gottes...
– Amen.

13. WIE IM HIMMEL

20. November 2021 – Offenbarung 21,1-7

Mitnehmen möchte ich dich, Sie in ein kleines Dorf im Norden Schwedens ... ein strahlend blauer Sommertag ... der Wind lässt das satte Korn rauschen ... eine ungestörte, ungetrübte Idylle ... in diesen friedlichen Sommertag mischt sich ein neuer Klang ... Mitten aus dem wogenden Kornfeld ist die helle Stimme einer Violine zu hören.

Der Klang der Violine ist klar und kraftvoll ... er vereint sich mit dem Rauschen des wiegenden Kornfeldes ... hier ist ein Künstler am Werk, der sein Instrument beherrscht ... Welch strahlender Sommertag ... Wie im Himmel ... Natur und Musik vereint ... natürlich und schön.

Ein kleiner Junge steht mitten im Kornfeld, spielt Geige ... Ähren sind sein Notenpult ... er ist konzentriert, vertieft in sein Musizieren ... eins mit der Musik und der Welt ... Doch plötzlich wird seine Aufmerksamkeit abgelenkt.

Ein Gewitter bricht herein in den strahlenden Sommertag in Gestalt drei kleiner Jungen. - Sie stürmen durch das Kornfeld. - Die Jungen wollen den kleinen Geigenvirtuosen brutal verprügeln.

Der kleine Daniel beginnt zu rennen, er läuft, die Violine unter den Arm geklemmt, ... seine Flucht beginnt ... Er flieht, läuft um sein Leben ... Die Flucht führt ihn weg aus dem kleinen Dorf im Norden Schwedens in die großen Städte und später als Stardirigent in die bedeutendsten Konzertsäle der Welt.

Auch am Dirigentenpult in Berlin ist er noch auf der Flucht vor den drei Jungs seines Heimatdorfes und wird weitergetrieben, immer weiter ... Mailand, Philadelphia ... immer auf der Flucht, ... bis er zusammenbricht.

Nach dem Zusammenbruch kehrt Daniel den Konzertsälen der Welt den Rücken und kehrt ... mitten im Winter ... zurück in das Dorf seiner Kindheit ... unerkannt will er dort nun nur zuhören...

Wie im Himmel fühlt sich Daniel ... barfuß steht er im Schnee und lacht aus vollem Hals ... Wie im Himmel ... das Glück ist klein, weiß und kalt ... und schmilzt, wenn es auf der warmen Haut landet ... Schneeflocken...

Daniel lernt als erwachsener Mann Rad fahren ... er erfüllt sich einen Traum. Der Stardirigent Daniel findet in dem Dorf seiner Kindheit plötzlich viele Momente des Glücks: barfuß im Schnee, Fahrrad fahren, schwimmen im See ... vor allem lernt er die Menschen neu sehen.

Wie im Himmel ... das Glück wartet genau dort, wo es Daniel bis dahin in seinem Leben nicht gesucht oder vermutet hätte: In dem kleinen Dorf seiner Kindheit, wo er viel Prügel eingesteckt hat.

„Ich sah einen neuen Himmel und eine neue Erde; denn der erste Himmel und die erste Erde sind vergangen, und das Meer ist nicht mehr", so beschreibt es der Seher Johannes in der Offenbarung.

Es ist nicht so, dass das Dorf seiner Kindheit ihn nun willkommen heißt und ihn herzlich aufnimmt ... das will er auch gar nicht ... Daniel will zuhören ... Die Dorfbewohner, allen voran der Pfarrer, erhoffen sich Konzerte oder andere kulturelle Highlights ... ansonsten möchten sie nicht gestört werden in ihrem Leben ... Es dauert eine Weile bis Veränderungen zaghaft zu spüren sind: im Dorf ... und in Daniels Leben.

„Und ich sah die Heilige Stadt, das neue Jerusalem, von Gott aus dem Himmel herabkommen, bereitet wie eine geschmückte Braut für ihren Mann."

Die anfangs zaghaften Veränderungen wirbeln das Dorfleben heftig durcheinander.

Argwöhnisch und doch voller Wünsche wird Daniel von den Einwohnern beobachtet ... Wünsche und Träume werden auf den Stardirigenten projiziert ... und dann, tatsächlich, Daniel kommt zu einer Probe des kleinen Kirchenchores und hört zu:

„Und ich hörte eine große Stimme von dem Thron her, die sprach: Siehe da, die Hütte Gottes bei den Menschen! Und er wird bei ihnen wohnen, und sie werden sein Volk sein, und er selbst, Gott mit ihnen, wird ihr Gott sein".

Was hat Daniel da gehört in diesem kleinen Chor? – So viel Schönes hat er gehört, er vermag die Begeisterung und Liebe zur Musik zu hören in einem Chor, in dessen Gesang viele un-ausgesprochene Verletzungen und Wünsche, viel Leid und nicht gelebte Lebensträume mitschwingen.

Daniel macht sich gemeinsam mit dem Chor auf den Weg zu einer Musik, die die Herzen der Menschen zu öffnen vermag ... Daniel weiß, dass alles - die Töne, die ganze Musik - schon da ist ... Sie ist in den Menschen und jede und jeder hat ihren, hat seinen eigenen Ton, der hervorgelockt und zum Klingen ge-bracht werden will ... Jeder Ton ist so einzigartig, wichtig ... wundervoll, wie jeder einzelne Mensch. –

Jeder Mensch bringt seinen ganz eigenen Ton mit für die Weltmusik, mit den eigenen Träumen und Sehnsüchten, der ganz eigenen Geschichte und Biographie ... jeder Mensch ist für diese Musik wichtig und unverwechselbar ... das ist es, was Da-niel hört und mit ihm der ganze Chor lernt: Im Klang des Chores ist jede Stimme wichtig ... es fällt auf, wenn eine Stimme fehlt...

Es fällt auf, wenn eine Stimme verstummt und nicht mehr zu uns spricht. – Morgen denken wir ganz besonders an die Men-schen, die uns vorausgegangen sind in diesem Jahr ... In die

Trauer um den Verlust mögen sich dankbare und glückliche Erinnerungen mischen … an den Klang jedes einzelnen Menschen. –

Wir trauern, wir weinen … Viele Tränen sind geflossen und fließen noch … Wir fragen: Warum? – Warum dieser Tod? - Wie soll es werden? - Wie soll ich das schaffen? –

Die Antwort, die Gott gibt, ist vielleicht anders als wir erwarten: *„Jede Träne will ich aus deinen Augen wischen!" - „Ich will euch trösten, wie einen seine Mutter tröstet."* (Jesaja 66,13)

Wie ist das wohl? – Wie sich das wohl anfühlt, wenn Gott mir die Tränen abwischte? – Wenn Gott mich in den Arm nähme, ganz sanft und behutsam? –

Ich stelle mir den neuen Himmel und die neue Erde als einen Ort vor, an dem wir einander zuhören und die Einzigartigkeit und Unverwechselbarkeit eines jeden Menschen erkennen und annehmen können … Ein Ort, an dem wir begreifen, dass jede und jeder von uns wichtig ist und mit seinen Gaben und Träumen nicht fehlen darf im großen Weltenklang.

Wir sind in unserer Trauer, unseren Tränen, unseren Fragen: Möge es doch so sein, dass auch wir etwas davon spüren: Wie die Ewigkeit uns berührt … Wie Gottes zärtliche Hand uns über die Wange streicht … Wie im Himmel.

Gott ist bei uns in der Liebe und in der Gegenwart jeder Zuwendung … Gott ist die Hand, die uns hält, … das Ohr, das uns zuhört, … das Wort, das uns tröstet, … der freundliche Blick, der uns Mut und Hoffnung gibt … Gott, der uns tröstet, wie einen seine Mutter tröstet. – Amen.

Für ein Gebet leihe ich mir Worte von
Kurt Marti:

gott ohnbeginn
gott querzeitein
gott windesleicht
gott schicksalsschwer
gott lichtjahrweit
gott odemnah
gott lebenswarm
gott totentreu
gott aufgetan
gott menschenwund
lass nicht von uns!

– Amen.

14. ZEIT DER HOFFNUNG

8. Dezember 2021 – Jesaja 63,15-64,3

Vor zwei Wochen war ich mit meiner Tochter und meinen Enkeln auf dem Spielplatz ... Eine Enkelin legt sich in die Nestschaukel und wir philosophierten über den grauen November-Himmel und die Sonne, die dahinter scheint, ...

Ein grauer Himmel weckt unsere Lebenssehnsucht. Ich wünsche mir, dass der Himmel aufreißt ... In einem Lied fragt die Gruppe Silbermond: „Wann reißt der Himmel auf", wann fällt auch in mein Leben etwas von dem himmlischen Glanz?

Um diese Frage geht es auch im Buch des Propheten Jesaja. Das 63. Kapitel ist wie ein Klagepsalm ... ein leidenschaftliches Lied. – Jerusalem wurde von Babyloniern erobert ... zerstört, der Tempel entweiht, die Menschen geplündert und unterdrückt.

Sie schreien zu Gott ... Das Erlebte hat sie aufgewühlt, die erfahrene Not und Gewalt, die Angst und die Wut ... alles ballt sich zusammen ... Für diese Menschen ist die Welt zusammengestürzt ... sie müssen jetzt in der Welt der anderen leben, in der Welt der Gewalttäter.

Sie schreien, dass doch deren Welt zusammenstürzen muss *„Berge schmelzen. Gott möge sie das Fürchten lehren vor ihm und seinen geschundenen Anhängern."*

Sie warten auf den Untergang der ungerechten Welt, unter der sie leiden ... Darum dichten und singen diese Menschen einen Klagepsalm ... Sehnsucht verbunden mit Leidenschaft.

Heute, unter uns, ist solche Sehnsucht, solche Leidenschaft selten ... Gerhard Schöne singt von weichgespültem Akzeptieren und mildem Einwand. Sein Lied „Mann o Mann":

Gestern konntest Du's nicht fassen,
wie man Kinder schlagen kann.
Du hast dich beschimpfen lassen,
sprachst du fremde Eltern an.
Heut behältst du deine Nerven,
flüsterst höchstens: „Wie gemein!"
Doch die müssen das ja wissen,
du mischst dich da nicht mehr ein.

Mann, oh Mann, irgendwann
gewöhntest du dich dran.

Gestern musstest du erbrechen,
als im Fernsehen einer starb,
weil er nichts zu essen hatte,
was dir den Appetit verdarb.
Heute kannst du weiter löffeln
und gesättigt schlafen gehn,
denn du hast das fremde Elend
ja nun oft genug gesehn.

Mann, oh Mann, irgendwann
gewöhntest du dich dran.

Gestern hattest du noch Tränen,
kriegtest eine Gänsehaut.
Deine Augen sprühten Fünkchen
und du lachtest gut und laut.
Heute lachst du über gestern,
heut bist du aus anderm Holz,
heut kann dich nichts mehr erweichen,
und darauf bist du noch stolz.

Sind wir heute aus anderm Holz als damals Jesaja?

Mich begeistert das Lied und es macht mich betroffen ... Das von Gerhard Schöne und das aus den Zeiten Jesajas.

Mann, oh Mann, irgendwann

gewöhntest du dich dran.

und

„Ach, dass du den Himmel zerrissest und führest herab, dass die Berge vor dir zerflössen, wie Feuer Reisig entzündet und wie Feuer Wasser sieden macht,"

Menschen in Not gibt es auch heute: Menschen, die unter der Gewalt leiden, die ihnen als Kinder angetan wurde ... Menschen, die um des Lebens Willen fliehen und deren Not von Diktatoren instrumentalisiert wird ... Armut ist ein Thema mitten unter uns, auch wenn sie versteckt ist, hinter den Fenstern einer alten Frau mit zu geringer Rente, ... hinter der lauten Musik die Jugendliche hören, um nicht die eigenen Gedanken denken zu müssen.

„dass doch die Berge zerflössen und Gott mit donnernder Stimme auf all die Leiden hinweise, damit es die Menschen begreifen, damit es ein Ende nimmt."

Es nimmt kein Ende und immer mehr Menschen müssen fliehen vor Krieg und Hunger in andere Länder ... oder bei uns: vor Verzweiflung und Aussichtslosigkeit in Welten der Musik, des Films und der Träume.

Zu Zeiten des Jesajas gab es Not, die zum Himmel schreit, zu Gott ... Not gibt es auch heute und Menschen, die zum Himmel schreien ... zu Gott. – Die Verheißungen Gottes gelten den Lebenden:

„Gott schreitet ein in dieser Welt. Kein Ohr hat gehört, kein Auge hat gesehen einen Gott außer dir, der so wohl tut denen, die auf ihn harren."

Wann reißt der Himmel auf für mich? – Davon erzählt der Advent, ... sogar an grauen wolkenverhangenen Tagen: - Gott kommt ... Er leidet mit, mit denen die schreien vor Not ... Er ist bei denen, die voller Leidenschaft sind.

Er kommt zu uns anderen und weckt wieder den Schmerz und damit die Sehnsucht nach einer neuen Welt, in der wir keine verstockten Herzen mehr haben ... das ist Advent. – Amen.

Ich bete mit Worten von Hanne Köhler[17]:

Advent – Zeit der Hoffnung
Wir finden uns nicht ab mit dem, was ist
wir sehen, wie viele leiden
wir glauben: nach Gottes Willen soll alles anders werden.
Advent – Zeit des Wartens
Was wir uns wünschen, ist noch nicht wahr
manches Mühen war anscheinend vergeblich
wir hoffen: Gott kommt trotzdem in diese Welt
Advent – Zeit der Vorfreude
frühere Enttäuschungen können uns nicht fesseln
unsere Träume blühen neu
wir erleben: Gott freut sich mit uns
Advent – Gott kommt trotzdem
was dagegen spricht hat nicht das letzte Wort
so wahr Christus lebt.
– Amen.

---

[17] Köhler, Hanne, in: https://expedition-drs.de/wp-content/uploads/2020/10/Nachhaltiger-Advent-und-nachhaltige-Weihnachten.pdf (21.07.2024)

15. DIE NACHT IST VORGEDRUNGEN

19. Dezember 2021 – ...

Ich gehe durch die Straßen Seligenstadts. In der Zeit vor Corona gab es hier einen bunten Adventsmarkt, Glühweinduft und manche Leckerei ... Der Adventsmarkt ist abgesagt, aber die Häuser sind mit Lichtern und Zweigen geschmückt ... Mein Weg führt mich in die evangelische Kirche. Josef Ruppel, ein Freund, hat ein Mahnmal gestaltet und mit seiner Partnerin auf-gestellt. Das will ich mir ansehen...

Das Mahnmal ist ein 12-stufiger Kerzenständer, mit 1066 verlosche-nen Kerzen ... Der Kerzenständer ist aus Metall und steht fest, die Kerzen sind nicht einheitlich ausgerichtet, manche stehen gerade, manche sind nach links und rechts, nach vorn und hinten geneigt. 1066 Ker-zen, deren Docht entzündet war, ... die jetzt verloschen sind ... kein Licht, das leuchtet, keine Wärme, kein Kerzenschein.

1066 Kerzen, so viele Kerzen, wie Menschen, die 2020 auf der Flucht im Mittelmeer ertrunken sind ... 1066 Menschen, groß und klein, alt und jung ... Gottes Ebenbild ... ertrunken bei dem Versuch in Sicherheit zu leben ... eine Zukunft zu haben.

Die einzelnen Stufen des Kerzenhalters sind kalt und hart, wie unser Umgang mit Menschen, die fliehen, weil sie leben wollen ... Mir kommt ein Adventslied von Jochen Klepper in den Sinn: „Die Nacht ist vorgedrungen, der Tag ist nicht mehr fern" – Eine eigentümliche Zeit wird beschrieben. Es ist nicht mehr ganz finster, aber auch noch lange nicht hell ... Zwielicht ... da ringen Licht und Finsternis miteinander.

Jochen Klepper lebte in der Zeit des Nationalsozialismus in Deutschland. Seine Frau war Jüdin. Jochen Klepper wurde durch das Hitler-Regime nahegelegt, sich von seiner Frau und deren Kind zu trennen. Er hielt zu seiner Familie, versuchte, sie zu schützen. Aber es half nicht; als schließlich die Bedrohung unerträglich groß wurde und seine Frau und ihr Kind vor der Deportation in das Vernichtungslager standen, ging er mit seiner Familie in den Freitod.

In dieser Zeit schrieb er sein Adventslied. In der zweiten Strophe heißt es:

„Dem alle Engel dienen, / wird nun ein Kind und Knecht. / Gott selber ist erschienen / zur Sühne für sein Recht. / Wer schuldig ist auf Erden, / verhüll nicht mehr sein Haupt. / Er soll errettet werden, / wenn er dem Kinde glaubt."

Kind und Knecht sind ihm Symbole seines zuletzt unerträglichen Leidens. Aber dann entdeckt er für sich und für alle im Dunklen den Gott, der Mensch wird, der sich hineinbegibt in diese Welt, ihr scheinbar auch unterliegt, aber sich der Macht dieser Welt nicht ergibt, ihre Lieder und Hymnen nicht mitsingt, der ihnen widerspricht. Kind und Knecht werden allen Friedenskaisern und großen Führern entgegengehalten: Hier, im Kind und Knecht ist der Heiland. „Kind und Knecht" ist Widerspruch und Widerstand, ist Solidarität für alle, die in Leid, Not und Unterdrückung leben. Der, dem alle Engel dienen, wird nun ein Kind und Knecht, begibt sich in unserer Wirklichkeit, wird Mensch ... Dass ihm Engel dienen bedeutet nicht: Macht haben, Recht behalten. Es bedeutet: Im Schutze Gottes leben, behütet sein im Kindsein, im Knechtsein, trotz alledem ... Engel bedeutet, die Welt im Lichte Gottes zu sehen, im Licht der frohen Botschaft.

„Die Nacht ist schon im Schwinden, / macht euch zum Stalle auf! / Ihr sollt das Heil dort finden, / das aller Zeiten Lauf / von Anfang an verkündet, / seit eure Schuld geschah. / Nun hat sich euch verbündet, den Gott selbst ausersah."

Was werden wir dort finden im Stall? – Das Heil? – Vielleicht nicht das, was wir uns wünschen. – Was könnten sich da Menschen erhoffen, gerade auch dann, wenn sie es ernst meinen und nicht oberflächlichem Wohlergehen nachlaufen? –

Mich beeindruckt und überzeugt an dem Adventslied von Jochen Klepper, dass es unsere Ängste und Nöte nicht kleiner singt, dass es nicht versucht, sie zuzukleistern oder vom Licht der Hoffnung überstrahlen zu lassen. – Not und Leid werden ernst genommen ... Kein Triumph liegt in jenen Zeilen, kein „Lass doch die Sorgen zu Haus". - Jochen Klepper sagt: „Noch manche Nacht wird fallen auf Menschenleid und -schuld." Wir wissen das. – Kerzenständer, Mahnmale werden uns immer wieder daran erinnern, wie Menschen an der Härte des Lebens zerbrechen.

Trotzdem: „Doch wandert nun mit allen der Stern der Gotteshuld!" Es ist eine Nacht, in der der Morgen schon zu ahnen ist! So dürfen wir unser Leben leben: Das Dunkle wird nicht geleugnet. Krankheit, Sorgen und Todesfurcht werden nicht schön geredet ... Aber die Nacht ist leichter zu ertragen, wenn wir glauben können, dass das Licht im Kommen ist. „Beglänzt von seinem Lichte hält euch kein Dunkel mehr, von Gottes Angesichte kam euch die Rettung her."

Der Gedanke, seine Frau und deren Tochter in die Todesmaschinerie der Nationalsozialisten gehen zu lassen, ist Jochen Klepper unerträglich. Er ist durch die Gedanken an Selbstmord im Glauben angefochten. – Er hofft, dass er für seine Entscheidung, sein Leben selbst zu beenden, Vergebung finden würde. „Wer hier dem Sohn vertraute, kommt dort aus dem Gericht", schreibt er in den letzten Zeilen ... Der Blick des Sterbenden zum segnenden Christus bringt eine unzerstörbare Hoffnung zum Ausdruck, ... diese Kraft reicht bis zu uns heute und zeigt uns Advent.

Der Glaube, dass Gott unter allen Umständen da ist, dass das Ende unter allen Umständen gut sein wird, weil diese Welt auf Gottes Ende zuläuft, ... da wird niemand auf dem Weg nach Europa ertrinken, kein Mensch muss mehr fliehen ... und es wird keine Schmerzen mehr geben, ... dieser Glaube vertreibt die Finsternis ... heute schon. – Amen.

Ich leihe mir Worte von Hanns Dieter Hüsch:

Ich seh ein Land mit neuen Bäumen.
Ich seh ein Haus aus grünem Strauch.
Und einen Fluss mit flinken Fischen.
Und einen Himmel aus Hortensien seh ich auch.
Ich seh ein Licht von Unschuld weiß.
Und einen Berg, der unberührt.
Im Tal des Friedens geht ein junger Schäfer,
der alle Tiere in die Freiheit führt.
Ich hör ein Herz, das tapfer schlägt,
in einem Menschen, den es noch nicht gibt,
doch dessen Ankunft mich schon jetzt bewegt.
Weil er erscheint und seine Feinde liebt.
Das ist die Zeit, die ich nicht mehr erlebe.
Das ist die Welt, die nicht von unsrer Welt.
Sie ist aus feinstgesponnenem Gewebe,
und Freunde, glaubt und seht: sie hält.
Das ist das Land, nach dem ich mich so sehne,
das mir durch Kopf und Körper schwimmt,
mein Sterbenswort und meine Lebenskantilene,
dass jeder jeden in die Arme nimmt.
Amen.

15. TROST, FREUDE, FRIEDEN

25. Dezember 2021 – Lukas 2,10-11

„Und der Engel sprach: Fürchtet euch nicht! Siehe, ich verkündige euch große Freude, die allem Volk widerfahren wird. Denn euch ist heute der Heiland geboren!"

In die Engelsbotschaft und den Gesang der himmlischen Chöre hinein hat Johann Sebastian Bach im Weihnachtsoratorium den Choral (QR-Code) komponiert: „Brich an du schönes Morgenlicht und lass den Himmel tagen! Du Hirtenvolk erschrecke nicht, weil dir die Engel sagen, dass dieses schwache Knäbelein soll unser Trost und Freude sein – dazu den Satan zwingen und letztlich Frieden bringen!"

Offenbar meint Bach, dass es das klare Licht, ... das Morgenlicht braucht, um überhaupt verstehen zu können, was der Engel verkündigt - und der Engelschor singt, ... vielleicht hat er ja recht.

Nach alter liturgischer Tradition ist der Heilige Abend doch nur der Vorgeschmack auf das, was am 1. Christtag oder Weihnachtstag dann in ganzer Klarheit in die Herzen und die Köpfe dringt ... und mit allen Sinnen gefeiert wird.

So reiben auch wir uns nun im Morgenlicht die Augen, nach dem verzaubernden Glanz der Heiligen Nacht, und sagen, ... fragen vielleicht ein wenig zaghaft, mit dem Liederdichter Johann Rist: „dass dieses schwache Knäbelein soll unser Trost und Freude sein – dazu den Satan zwingen, und letztlich Frieden bringen"? – Ja! Wirklich???

Auch heute klingt die Weihnachtsbotschaft von der Geburt des Heilandes wieder durch die Welt ... feiern Menschen das Fest seiner Geburt, das Fest der Liebe, das Fest der Familie.

Mehr Spenden, mehr Freundlichkeit, ... aber auch mehr Verletzlichkeit und Sensibilität, - und dazu der manchmal überbordende Weihnachtsschmuck: an Weihnachten ist wirklich alles anders, und viel mehr von alledem in uns und um uns als an allen anderen Tagen des Jahres ..., weil, ja weil eben „dieses schwache Knäbelein soll unser Trost und Freude sein, dazu den Satan zwingen, und letztlich Frieden bringen..."

Wie kann das sein(?), ... dass die Geburt dieses Kindes überall auf der Welt Anlass zur Freude ist?

Im 1. Johannesbrief im 3. Kapitel lesen wir: *„Seht doch, wie groß die Liebe ist, die der Vater uns geschenkt hat: Wir heißen Kinder Gottes, und wir sind es tatsächlich."*

Seht hin, hört hin: Gott liebt euch alle ... Wir alle sind gemeint ... Allen Menschen auf der weiten Erde verkündigt der Engel Gottes Wohlgefallen – auch den Böswilligen, - den Ungeliebten, - denen, die Euch eher Angst einjagen ... Friede soll schließlich auf der ganzen Erde, und nicht nur in unserem Weihnachtszimmer sein.

Wie selbstverständlich singen wir, - singt die ganze Christenheit an jedem Sonntag in ihrer Liturgie diese unglaubliche Botschaft der Engel, auch wenn wir sie immer noch nicht fassen können: *„Friede auf Erden ... und allen Menschen ein Wohlgefallen."*

Der ganzen Welt gilt Gottes Frieden? – Allen Menschen gilt Gottes Liebe, - Gottes Heil? – Ja: weil wir alle seine Kinder sind.

Und „dieses schwache Knäbelein" ... es ist das Zeichen für die Liebe, ... den Frieden: alles das, was wir Menschen uns herbeisehnen, ... was sich die Menschheit seit Ur-Zeiten herbeisehnt: in diesem Kind ist es da. – wie jedes Neugeborene ist es Symbol für das Neue, für das Lebensbejahende.

Das Wort „Liebe" ist das Zauberwort ... Es geistert nicht nur durch unsere Kirche, es öffnet Herzen, Gedanken, Träume ... und hier ganz deutlich: Wir sind geliebt. - Ich bin geliebt ... vom Vater - dass mein Vater mich geliebt hat, weiß ich, aber er ist lange tot - der Vater, von dem hier die Rede ist, ist Gott ... Er hat alles gemacht ... Er hat alles gut gemacht ... Die Schöpfungsgeschichte ist seine Liebesgeschichte ... seine erste: Als er das Licht geschaffen hatte, musste die Nacht als erste daran glauben. – Seine Liebe begleitet Menschen von Anfang an ... Viele Menschen sind dabei glücklich geworden, - einige sind daran irre geworden ... Manche haben in entsetzlichen Situationen Halt gefunden, - andere haben ihre Hoffnungen verloren ... geliebt zu sein, ist die älteste und schönste Sehnsucht aller Menschen ... sie ist zerbrechlich...

Haben Zauberworte eine Realität? - Was zaubern sie, ... was verzaubern sie? - Wenn etwas die Welt verzaubert, dann ... die Liebe ... In diesem „schwachen Knäbelein" will Gott erkannt sein ... Wir sollen ihn erkennen als den, der das Wohlgefallen, das Glück aller Menschen will, Lebensrecht und Lebenszukunft auch für alle die, die morgen und übermorgen in diese Welt hineingeboren werden.

Es ist eine wahnsinnige Vorstellung ... Da müssen wir uns nun wirklich im Morgenlicht noch einmal heftig die Augen reiben ... die Wirklichkeit sieht anders aus: Menschen im Ahrtal und anderswo, die nur notdürftig wohnen; Menschen, die fliehen müssen, weil sie in ihrem Land nicht leben können; ...

Menschen, die missbraucht werden ... oft denken wir, nichts tun zu können.

Trotzdem feiern wir Weihnachten, ... weil da eben dieses unauslöschliche Zeichen ist, auf das der Engel die Hirten damals hingewiesen hat: „dieses schwache Knäbelein", in dem sich die Sehnsucht nach Frieden und einem Wohlgefallen für alle Menschen auf dieser Erde zum Ausdruck kommt ... Das Vollendete im Unvollendeten.

In einer erbärmlichen und übelriechenden Behausung das Kind, das göttliche Kind ... das uns alle zu Gottes Kindern macht. – „In unser armes Fleisch und Blut verkleidet sich das ewig Gut...", so sagt ... und singt Martin Luther.

Weihnachten wird gefeiert, weil es die Sprache der Hoffnung aller Menschen spricht: *„Friede auf Erden und allen Menschen ein Wohlgefallen."*

Das geht weiter als wir denken: auch dein Feind, hören wir bei Neil Young (Campaigner QR-Code), hat eine Seele...

Das ist auch die Botschaft jenes „schwachen Knäbelein" aus Bethlehem ... - erwachsen geworden - wird das von ihm selbst ausgesprochen und gelebt: auch der, oder die, die du abgrundtief missachtest, oder fürchtest, ... ist ein Gotteskind, ist dein Bruder, deine Schwester.

Die Augen auf das schwache „Knäbelein" gerichtet, weitet sich unser Blick - und das zutiefst menschliche Gefühl einer Verbundenheit mit der ganzen Menschheit kann wachsen, - über allen Argwohn und alles Misstrauen hinaus - ...

„Ehre sei Gott in der Höhe und Friede auf Erden bei den Menschen seines Wohlgefallens." ... Die Engel haben das

besungen ... den Himmel geöffnet ... Dann konnte es wie Schuppen von den Augen fallen ... Die Hirten haben in den Himmel gesehen ... hinter die Kulissen ... schenke uns Gott, dass wir das auch sehen können. – Amen.

Wir feiern in dunkelster Zeit Jesu Geburt. Die Umstände und die Bedeutung seiner Geburt versuchen wir vor Augen zu führen.

Kurt Marti, dem Schweizer Pfarrer und Dichter, genügen 4 Worte und 2 Zeilen, um zu verdichten, was sonst lange erklärt werden muss:

MENSCH GERNEGROSS,
gott gerneklein.